Dittmann · Gebete des Neuen Testaments

Wilhelm Dittmann

Gebete des Neuen Testaments

Geleitwort von Helmut Claß

C·Z·V·Verlag·Berlin

Die Bibeltexte sind wiedergegeben

auf den linken Seiten nach der „Stuttgarter
Jubiläumsbibel" (1912/1931) mit freundlicher
Genehmigung der Deutschen Bibelstiftung, Stuttgart

auf den rechten Seiten nach der „Einheitsübersetzung
der Heiligen Schrift" (1979) mit freundlicher
Genehmigung der Katholischen Bibelanstalt, Stuttgart

Einband und Typographie: Rudi H. Wagner

© 1980 Christlicher Zeitschriftenverlag Berlin
Satz: Hermann Hagedorn · Druck: Color-Druck
Bindearbeiten: H. Stein · alle Berlin

ISBN 3 7674 0174 6

INHALT

Geleitwort (Helmut Claß)	7
Einführung	9
Jesus betet	19
Gebet für die Beter	23
Gebet zum Vater	27
Wir beten	45
Fragen, Anrufen, Bereitsein	49
Bitten und Segnen	67
Anbeten und Danken	119
Register der Bibelstellen	173

GELEITWORT

Daß der Psalter das Gebetbuch Jesu war und deshalb auch das unvergleichliche Gebetbuch seiner Kirche ist – das weiß man in der Christenheit.

Aber daß die ganze Bibel ein Gebetbuch ist – daran zu erinnern, ist nicht überflüssig. Das vorliegende Buch macht in eindrucksvoller Weise deutlich, wie stark die Bibel durchwoben ist von Gebeten.

Darüber hinaus aber ermöglicht sie überhaupt erst unser Beten. Denn das Gebet ist Antwort des Menschen auf einen Anruf Gottes aus seinem Wort. Ich kann, ich darf mit Gott reden, weil er zuerst mit mir geredet hat. Deshalb braucht der Beter seine Bibel, deshalb braucht er sein Neues Testament.

Wer sich aufmacht aus seinen Ratlosigkeiten und Ängsten, auch aus seinem Glück und seiner Freude, und heimkehrt in das Wort der Heiligen Schrift, der erfährt die Nähe Gottes. Gott wird nicht stumm bleiben. Und der Mensch darf antworten und sagen: „Herr, du." Wer das tut, der betet. Und dem ist geholfen – in Zeit und Ewigkeit.

D. Helmut Claß

EINFÜHRUNG

Dies ist kein Buch zum eiligen Lesen oder Durchlesen, sondern eines, das den Leser begleiten möchte. Er mag es immer wieder zur Hand nehmen. Es will ihn zurückführen zu den Quellen, aus denen das Gebet der Christenheit aller Zeiten gelebt hat und bis heute lebt. Die großen Beter der Kirche, die unzähligen Namenlosen durch die Jahrhunderte, sie alle haben die im Neuen Testament überlieferten Gebete gekannt, meditiert und zu ihrem eigenen Gebet gemacht. Wenn in Grenzsituationen „zum Beten die Gedanken schwinden", wie es ein Widerstandskämpfer in den Gefängnissen der Hitler-Zeit ausgedrückt hat, dann haben sie mit den ihnen vertrauten, aus langer Übung eingeprägten Worten der Bibel weiter gebetet, sich an ihnen festgehalten. Und wenn Freude, Lob und Dank sie erfüllten, haben sie mit den Worten der Bibel angebetet und gedankt, weil die Worte ihrer Alltagssprache nicht zureichten. Durch die Gebete des Neuen Testaments sind wir zugleich mit den Betern aller Zeiten und in aller Welt verbunden.

Das spontane, eigene Gebet ist eins der Vorrechte des Christen. Aber es wird sich nur entfalten können, wenn es immer wieder befruchtet und genährt wird von den Gebeten, die uns von Jesus und seinen Jüngern, von den Aposteln und der frühen Gemeinde überliefert sind, wie auch die ganze Kirche ja immer wieder zu ihrem Ursprung zurückkehren muß, um sich zu erneuern.

Die Gebete im Neuen Testament sind nicht als Vorschriften oder starre Regeln zu verstehen, so und nur so könne man beten. Sie sind vielmehr die Grundmuster unserer unzähligen Gebetsmöglichkeiten. Sie sind Orientierung und Rahmen, Themen, zu denen unsere ganz persönlichen Variationen treten, sie sind Anregung und

Hilfe. Sie sind vor allem zunächst zu bedenken, in dem Sinn, in dem es von Maria heißt: sie „behielt alle diese Worte und bewegte sie in ihrem Herzen" (Lukas 2, 19). Viele empfinden wir als dichterisch schön und haben Freude daran, andere treffen unerwartet genau etwas, was wir unklar empfinden und nun plötzlich mit dem Text der Schrift ausdrücken können. Nicht alles kann man jederzeit mit- oder nachvollziehen, das ist auch nicht nötig. Wenn der Leser vielleicht nur ein einziges Gebetswort findet, das er zu seinem eigenen machen kann, so hat dieses Buch seinen Zweck erfüllt. Es ist zusammengestellt worden, weil die Texte im ganzen Neuen Testament verstreut und ohne Hilfe schwer zu finden sind. Das Buch möchte also den Zugang zu den Texten erleichtern. Aber es will noch etwas mehr.

Ermunterung zum Gebet

„Vor das tägliche Brot gehört das tägliche Wort. Nur so wird auch das Brot mit Danksagung empfangen. Vor die tägliche Arbeit gehört das morgendliche Gebet. Nur so wird die Arbeit in der Erfüllung des göttlichen Befehls getan. Wie könnten wir anders gerüstet den Aufgaben, Nöten und Versuchungen des Tages entgegengehen? Und ob wir auch oft nicht ‚in Stimmung' dafür sind, so ist es doch schuldiger Dienst an dem, der von uns angerufen, gelobt und gebeten sein will und der uns unseren Tag nicht anders als durch sein Wort und unser Gebet segnen will.
Die stille Gebetszeit braucht jeder Christ. Es ist ratsam, der stillen Gebetszeit ein Wort Gottes zugrunde zu legen. Das gibt dem Gebet Inhalt, festen Grund und Zuversicht."

Als eine solche Ermunterung zum täglichen Gebet, die Dietrich Bonhoeffer in den Jahren 1935/36 seinen Kandidaten im Predigerseminar in Finkenwalde gab, möchte dies Buch verstanden und aufgenommen werden.
Es soll eine Hilfe für die „praxis pietatis" (Betätigung der Frömmigkeit) für den Alltag sein: es will über die Meditation, über das eigene Beten, zur Besinnung auf das Tätigwerden des Glaubens anleiten und helfen. Und es hat schließlich die Absicht, mit den Zitaten aus dem Neuen Testament zum Lesen des biblischen Wortes anzuregen. Zuletzt macht uns nur dieses Wort sprachfähig für das Gebet, das Reden mit Gott.

Neutestamentliches Beten

Wir machen uns kaum je klar, daß es etwas Wunderbares ist, mit Gott selbst reden zu dürfen. Das Gottesvolk des Alten Bundes hat eine Fülle solcher „Reden mit Gott" überliefert, aus der Jesus Christus selbst geschöpft hat. Auch seine Jünger haben es so gehalten.
Gebetsworte aus dem Alten Testament, besonders aus den Psalmen und den prophetischen Schriften, werden von Anbeginn des christlichen Gottesdienstes in der Liturgie der Kirche, im kirchlichen Unterricht, in der Predigt gebraucht. Von ihnen hat sich das Gebet der Christenheit formen lassen und auch seine Inhalte entnommen. Das Neue Testament nimmt diese Gebetspraxis auf und füllt die Inhalte seiner Gebete mit dem Bekenntnis: „Wir haben geglaubt und erkannt, daß du bist Christus, der Sohn des lebendigen Gottes!" (Johannes 6, 69) Dies Bekenntnis zu Jesus, dem Messias, ist der Ausgangspunkt für das Gebet der Christen geworden und geblieben. In seinem Namen haben sie gebetet und seiner

Zusage getraut: „Wahrlich, wahrlich ich sage euch, so ihr den Vater etwas bitten werdet in meinem Namen, so wird er's euch geben" (Johannes 16, 23). Er war nicht nur der Lehrer ihres Betens, sondern auch der Bürge dafür, daß ihre Worte den Vater erreichten! Das ist auch in den späteren Gebeten der Kirche bis auf unsere Tage der Glaube und die Zuversicht der Beter geblieben, die ihre Gebete einmünden lassen in die Worte „. . . darum bitten wir dich im Namen unseres Herrn Jesus Christus, der mit dir und dem Heiligen Geist lebt und herrscht in Ewigkeit."

Sprachfähig werden zum Reden mit Gott

Der Ratlosigkeit und Sprachlosigkeit, in denen wir oft stehen, wenn es an die innerste, zentrale Stelle christlichen Glaubens und Lebens geht gerade dem großen und hilfreichen Partner gegenüber, der unser Gott sein will und ist, begegnet das Neue Testament aufgeschlossen und barmherzig. Es erzählt zum Beispiel im Lukas-Evangelium die eindrucksvolle Geschichte vom Beten des Pharisäers und des Zöllners (Kapitel 18, Vers 10–13): „Es gingen zwei Menschen hinauf in den Tempel, zu beten, einer ein Pharisäer, der andere ein Zöllner. Der Pharisäer stand und betete bei sich selbst also: Ich danke dir, Gott, daß ich nicht bin wie die andern Leute, Räuber, Ungerechte, Ehebrecher oder auch wie dieser Zöllner. Ich faste zweimal in der Woche und gebe den Zehnten von allem, was ich habe. Und der Zöllner stand von ferne, wollte auch seine Augen nicht aufheben gen Himmel, sondern schlug an seine Brust und sprach: Gott, sei mir Sünder gnädig!"
Die Sprachlosigkeit des Zöllners, in der er seine Un-

fähigkeit und Unwürdigkeit erkennt, mit dem heiligen Gott zu reden angesichts der eigenen Versäumnisse, kann sich nur noch in dem Ruf: „Gott, sei mir Sünder gnädig" Luft machen. So wenige Worte können also zu einem Gebet genügen!

Kaum mehr sagt der verlorene Sohn im Gleichnis zum Vater: „Vater, ich habe gesündigt gegen den Himmel und vor dir. Ich bin hinfort nicht mehr wert, daß ich dein Sohn heiße!" (Lukas 15, 21) Beide „Beter" werden erhört, keinem werden zurückweisende Bedingungen gestellt! Der Schrei der sprachlos Gewordenen wird zum Gebet. Die Hörer und Leser dieser Reden und Gleichnisse Jesu werden damit in ihrer Ratlosigkeit vor neue Möglichkeiten des Redens mit Gott gestellt: sie gewinnen Vertrauen zu ihrem Gesprächspartner. Solchen Betern ruft Paulus zu: „Der Geist hilft unsrer Schwachheit auf. Denn wir wissen nicht, was wir beten sollen, wie sichs gebührt, sondern der Geist (Gottes) selbst vertritt uns aufs beste mit unaussprechlichem Seufzen" (Römer 8, 26). Das Neue Testament erzählt von den Jüngern Jesu, die ihn baten: „Herr, lehre uns beten!" (Lukas 11, 1) Auch sie bekunden damit die eigene Unfähigkeit zum Gespräch mit Gott. Jesus reagiert nicht unwillig oder erstaunt, sondern er lehrt sie das Beten mit dem Gebet, das für sie und für die christliche Gemeinde Grundgebet, Ausgangspunkt und Ermutigung für alles Beten überhaupt wird. Er lehrt sie das Vater unser. Ja, er ermuntert sie, sich der Haltung des Bittenden nicht zu schämen, der auf die Gabe angewiesen ist. Und er gibt ihnen auch die Antwort des Vaters im Himmel auf ihr Beten: „Bittet, so wird euch gegeben; suchet, so werdet ihr finden; klopfet an, so wird euch aufgetan. Denn wer da bittet, der empfängt, und wer da sucht, der findet, und wer da anklopft, dem wird aufgetan. Welcher ist unter euch Menschen, so ihn sein Sohn bittet ums Brot, der ihm einen Stein biete? oder, so er ihn bittet um einen Fisch, der ihm eine Schlange biete? So denn ihr, die ihr doch

arg seid, könnt dennoch euren Kindern gute Gaben
geben, wie viel mehr wird euer Vater im Himmel Gutes
geben denen, die ihn bitten!" (Matthäus 7, 7–11)

Jesus betet

Die beiden Kapitel des vorliegenden Buches stellen daher
das Beten Jesu, wie es das Neue Testament überliefert,
und das Beten der Menschen, der Jünger und Apostel
nebeneinander. Jesus betet. Daß er dies tut und wie er
betet, ist für uns maßgebend. Er sagt: „Darum sollt ihr
also beten!" (Matthäus 6, 9) Er tut mit dem Vater unser
für uns und mit uns den ersten Schritt zum eigenen
Gebet. Diese Stellvertretung kommt in den anderen
Gebeten Jesu noch weiter zum Ausdruck und zur
Entfaltung.

Wir beten

Für das Beten im Kreis der Jünger Jesu, wie es sich in
den Evangelien, in den Briefen der Apostel und in der
Offenbarung des Johannes darstellt, ist also die Gebetspraxis Israels maßgebend gewesen. Das gilt sowohl für
die Form der persönlichen Anrede an Gott als auch für
die Inhalte. Das Psalmengebet im Tempel, in der Sabbat-
feier, in den Synagogen, aber auch in der intimen,
familiären Sphäre des jüdischen Hauses hat die Art und
Weise des Betens in der neutestamentlichen Gemeinde
geprägt. „Sie brachen das Brot hin und her in den

Häusern" heißt es in der Apostelgeschichte (Kapitel 2, Vers 46) oder „Sie blieben aber beständig in der Apostel Lehre und in der Gemeinschaft und im Brotbrechen und im Gebet" (Kapitel 2, Vers 42). Diese Gemeinschaft erwächst aus dem Gebet des einzelnen und wirkt auf diese zurück. Für beide Formen gilt freilich auch die Kritik, die Jesus an der ihm von Kindheit an vertrauten Art des Gebets übte, in der die Beter das Gespräch mit Gott durch ihre Selbstdarstellung, wie er sie in der Geschichte vom Pharisäer und Zöllner geißelte, oder ihr „Plappern wie die Heiden" (Matthäus 6, 7) zur Farce machten. Deshalb sagt er in der Bergpredigt: „Wenn du aber betest, so gehe in dein Kämmerlein und schließ die Tür zu und bete zu deinem Vater im Verborgenen..." (Matthäus 6, 5–8)

Die Auswahl der Texte

Bei der Auswahl der Texte ging es in erster Linie um die Frage, welche Stellen des Neuen Testaments als Gebete oder Gebetsworte eine Hilfe für das eigene Beten sein können. Der Kreis der Auswahl ist bewußt weit gezogen worden. Dies schließt natürlich nicht aus, daß dem kritischen Leser dieser oder jener Text dennoch fehlt oder ihm vielleicht dieses oder jenes Wort zu viel erscheint. Wenn auch dem Herausgeber selbst die philologische und theologische Arbeit an der Auslegung der biblischen Bücher von grundlegender Bedeutung für das Verständnis der Bibel ist, so wurde doch die Absicht, ein Gebetbüchlein zum praktischen Gebrauch zusammenzustellen, der Erörterung von wissenschaftlich-kritischen Fragen bei der Auswahl vorgeordnet. Gerade darum aber sollte nicht darauf verzichtet werden, die

ausgewählten Zitate aus dem Neuen Testament, die
thematisch in den beiden Kapiteln zusammengestellt
sind, in ihrem ursprünglichen Zusammenhang zu lesen.
Denn nur unter dieser Voraussetzung sind Zitate in
ihrem Sinn voll verständlich und hilfreich.
Das Prinzip der Auswahl ist aus der Gliederung der
beiden Kapitel ersichtlich. Es bezieht sich auf den Grund
und die Praxis des Betens im Neuen Testament und
schließt damit auch unsere Art zu beten ein. In den
Erläuterungen zu den Kapiteln wird Näheres dazu gesagt.
Durchgehend sind die einzelnen Zitate ohne ihre Ein-
leitung, zum Beispiel „Jesus antwortete..." abgedruckt.
Nur an wenigen Stellen ist die Tatsache, daß gebetet
wurde (etwa Apostelgeschichte 16, 25), als ein Bericht
über das Beten aufgenommen worden. Bei einigen
„liturgischen" Texten (darunter Offenbarung 19, 1–7)
ist der volle Wortlaut etwas gekürzt worden, um den
Text des eigentlichen Gebets deutlicher hervortreten
zu lassen.
Dies ist überhaupt die Absicht des Buches: die Texte
selbst sprechen zu lassen. Deshalb ist der Kommentar
auf das Notwendigste beschränkt geblieben.

Die vier Evangelien

Man vermutet, daß die Überlieferung des Evangeliums,
wie sie uns in den vier Evangelien nach Matthäus,
Markus, Lukas und Johannes begegnet – von jedem der
vier nach seiner Kenntnis, Erkenntnis und Absicht aufgenommen und formuliert –, in ihrem Grundkonzept in
der Regel im Markus-Evangelium besonders klar
enthalten ist. Daher wird Markus in erster Linie zitiert.
Die Parallelstellen im Matthäus- und Lukas-Evangelium

sind im Register angegeben, aber auch in den meisten
Bibelausgaben zu finden. Wenn bei Matthäus oder bei
Lukas ein Wort überliefert ist, das sich nicht bei Markus
findet, ist dieses allein zitiert. Steht ein Wort bei Matthäus und Lukas gemeinsam, aber in unterschiedlichen
Fassungen, ist das Zitat ausgewählt, das besonders
deutlich das Anliegen des Textes zum Ausdruck bringt.
Die Zitate aus dem Johannes-Evangelium tragen den
besonderen Charakter dieses Evangeliums, das sich im
Aufbau und auch im Inhalt von den drei anderen unterscheidet. Auch bei ähnlichen Worten und Geschichten
sind diese doch oft anders einzuordnen als bei den drei
ersten Evangelien. Ein Beispiel dafür ist unter den
Gebeten Jesu angegeben.

Die Übersetzungen

Die Wiedergabe der Texte erfolgt je in zwei Übersetzungen: auf den linken Seiten stehen die Verse in der
Übersetzung Martin Luthers, wie sie die sogenannte
„Stuttgarter Jubiläumsbibel" (1912/1937) bietet. Sie
erschien deshalb besonders geeignet, weil sich in ihr noch
die klassischen Formulierungen Martin Luthers finden,
die sich in der Literatur aber auch im Gedächtnis sicher
nicht nur der älteren Generation eingeprägt haben. In ihr
begegnet also die „bekannte" Sprache der Bibel, ein vertrautes Wort, jedenfalls denjenigen, die die Bibel ein
wenig kennen. Natürlich ist damit auch eine Gefahr verbunden: allzu Bekanntes ist für unser heutiges Fragen
nicht immer aussagekräftig genug. Daher lag es nahe,
eine zweite, moderne Übersetzung gegenüber zu stellen,
durch die die Bibelworte eine neue Dimension gewinnen,
die zum Verständnis hilfreich sein kann: eine zeitgemäße

Sprache mit ihren auch sonst im Alltag gebräuchlichen Worten, Begriffen und Ausdrucksweisen erleichtert Lesen und Verstehen und stellt die Aussage des Textes in die Welt hinein, in der wir heute leben, reden und hören. Dafür bot sich die im Jahre 1979 erschienene „Einheitsübersetzung der Heiligen Schrift, Das Neue Testament" an. Hier haben namhafte Gelehrte, Schriftsteller und Dichter versucht, die Bibel für den heutigen Menschen lesbarer zu machen. Dieses Übersetzungswerk ist eine gemeinsame Arbeit der deutschsprachigen katholischen Bischöfe, der Katholischen Bibelanstalt und des Rates der Evangelischen Kirche in Deutschland sowie des Evangelischen Bibelwerks in der Bundesrepublik Deutschland. In der Wahl dieser zweiten Übersetzung spiegelt sich die Hoffnung des Herausgebers und des Verlages, die „Gebete des Neuen Testaments" möchten in ihrer ökumenischen Dimension gelesen und gebetet werden. Denn das Gebet der Christenheit ist in seinem Grund ein ökumenisches Gebet im weitesten Sinn: es umfaßt die Menschen und die Welt Gottes – Vergangenheit, Gegenwart und Zukunft! Jesus selbst betet zum Vater: „... auf daß sie alle eins seien." (Johannes 17, 21)

Die Bibelzitate in den einführenden Texten sind der Jubiläumsbibel entnommen, mit Ausnahme des Zitats auf S. 64, das nach der Ökumenischen Einheitsübersetzung wiedergegeben ist.

Die Stelle aus Jesus Sirach auf S. 119 ist zitiert nach „Die Apokryphen", Deutsche Bibelstiftung, Stuttgart 1970/71.

Das Bonhoeffer-Zitat auf S. 10 stammt aus: Dietrich Bonhoeffer, „Gesammelte Schriften", Hrsg. E. Bethge, Bd. IV, München 1965, S. 291; das Zitat auf S. 21 aus: Dietrich Bonhoeffer „Nachfolge", München 1937, S. 102.

Jesus betet

„Und des Morgens vor Tage stand Jesus auf und ging hinaus an eine wüste (einsame) Stätte und betete" (Markus 1, 35). Das Beten Jesu, von dem die vier Evangelien berichten, bestimmt seinen Tageslauf: seine Zwiesprache mit dem „Vater im Himmel", die Anfrage, der Dank aber auch die Bitten an ihn. Sein Gebet ist die „irdische", menschliche Seite seiner Gottessohnschaft. Er kann sagen: „Ich und der Vater sind eins." (Johannes 10, 30) Dieses Einssein mit dem Vater ermöglicht es ihm, seinen Auftrag zu erfüllen, Menschen in das Verhältnis zu Gott, zur Gotteskindschaft zu rufen. „Wie viele ihn aber aufnahmen, denen gab er Macht, Gottes Kinder zu werden, die an seinen Namen glauben", heißt es dazu im Johannes-Evangelium (Kapitel 1, Vers 12).

Jesus betet stellvertretend für uns Menschen, wie der Hohepriester stellvertretend für das Volk Israel betete. Diese Parallele ist im Hebräerbrief ausgeführt: „Daher mußte er (Jesus) in allen Dingen seinen Brüdern gleich werden, auf daß er barmherzig würde und ein treuer Hoherpriester vor Gott, zu versöhnen die Sünden des Volks. Denn worin er gelitten hat und versucht ist, kann er helfen denen, die versucht werden" (Hebräer 2, 17–18). So schlägt Jesus die Brücke von Gott zu Mensch und setzt die Menschen instand, mit ihm und durch ihn den Zugang zum Vater finden. Dietrich Bonhoeffer hat dies mit folgenden Worten verdeutlicht: „Wer an Jesus gebunden ist in der Nachfolge, der hat durch ihn den Zugang zum Vater. Damit ist jedes rechte Gebet vermitteltes Gebet. Es gibt kein unvermitteltes Beten. Es gibt auch im Gebet keinen unmittelbaren Zugang zum Vater. Nur durch Jesus Christus können wir im Gebet den Vater finden."

GEBET FÜR DIE BETER

Das Vater unser ist der Ausgangspunkt unserer Sammlung. Jesus betet es mit und für uns und bezieht seine Zuhörer in sein Gespräch mit Gott ein! So können sie sich dann selbst Gott gegenüber aussprechen. „So" heißt nicht, daß der Wortlaut des Vater unser etwa die einzige Möglichkeit des Betens sei. Aber er ist hilfreich und richtungweisend für alles Beten.

Das „Gebet des Herrn" ist in zwei Fassungen im Neuen Testament überliefert. Sie unterscheiden sich, auch im Blick auf die Zusammenhänge. Bei Matthäus ist das Vater unser Teil der Bergpredigt. Jesus äußert sich dort kritisch und grundsätzlich über das Beten. Bei Lukas, der eine andere Formulierung gibt, geht Jesus auf die durch sein eigenes Beten veranlaßte Bitte der Jünger ein: „Lehre uns beten!" Er gibt mit dem Vater unser auf ihre Fragen eine Antwort. Durch diese beiden Bezüge erhält dies Gebet seinen Charakter als „Gebet für die Beter": die Predigt und Lehre Jesu in der Bergpredigt und das gemeinsame Leben der Jünger mit ihrem Herrn.

Das Vater unser ist die Grundlage allen Betens für die ganze Christenheit auf Erden.

MATTHÄUS-EVANGELIUM

Unser Vater in dem Himmel! Dein Name werde geheiligt.
Dein Reich komme. Dein Wille geschehe auf Erden wie im Himmel.
Unser täglich Brot gib uns heute.
Und vergib uns unsere Schulden, wie wir unsern Schuldigern vergeben.
Und führe uns nicht in Versuchung, sondern erlöse uns von dem Übel. Denn dein ist das Reich und die Kraft und die Herrlichkeit in Ewigkeit. Amen.

LUKAS-EVANGELIUM

Unser Vater im Himmel, dein Name werde geheiligt. Dein Reich komme. Dein Wille geschehe auf Erden wie im Himmel.
Gib uns unser täglich Brot immerdar.
Und vergib uns unsre Sünden; denn auch wir vergeben allen, die uns schuldig sind. Und führe uns nicht in Versuchung, sondern erlöse uns von dem Übel.

KAPITEL 6, VERSE 9–13

Unser Vater im Himmel,
dein Name werde geheiligt,
dein Reich komme,
dein Wille geschehe
wie im Himmel, so auf der Erde.
Gib uns heute das Brot, das wir brauchen.
Und erlaß uns unsere Schulden,
wie auch wir sie unseren Schuldnern erlassen haben.
Und führe uns nicht in Versuchung,
sondern rette uns vor dem Bösen.

KAPITEL 11, VERSE 2–4

Vater,
dein Name werde geheiligt.
Dein Reich komme.
Gib uns täglich das Brot, das wir brauchen.
Und erlaß uns unsere Sünden;
denn auch wir erlassen jedem, was er uns schuldig ist.
Und führe uns nicht in Versuchung.

GEBET ZUM VATER

Die hier aufgeführten Gebetsworte Jesu sind in ihrer
Reihenfolge den sieben Bitten des Vater unser zuge-
ordnet. Gewiß ist diese Zuordnung von den Texten her
nicht zwingend. Aber sie ist anschaulich und möchte
auch dazu helfen, in den Bitten des Vater unser die
Ausgangsbasis für das eigene Gebet zu entdecken.
Mit der Anrede und der ersten Bitte ist auch die Anbetung des Vaters verbunden. Im Gebet Jesu in Gethse-
mane erhält die dritte Bitte ihre bleibende Ausprägung.
Das Bitten um das tägliche Brot (hierzu sollte man die
Auslegung Martin Luthers im 3. Hauptstück des Kleinen
Katechismus lesen!) ist in den folgenden Texten
enthalten. Bei Markus weist diese Bitte hin auf
den leiblichen Hunger der Menge, die Jesus folgte.
Das Johannes-Evangelium deutet auf das Mahl Jesu
„in der Nacht, da er verraten wurde" und also auf ihn
selbst, der von sich sagt: „Ich bin das Brot des Lebens"
(Johannes 6, Verse 11, 35, 48). Zur Bitte um die Vergebung
gehören die Worte aus der Passionsgeschichte; dort
stehen auch die Fürbitte um die Bewahrung des Petrus
vor der Versuchung und die letzten Bitten. Es sind
Gebetsworte aus der Grenzsituation des Leidens Jesu,
die ihn zum Gebet treibt. Und gerade in dieser Situation
bedient er sich der Gebete der Väter, besonders der
Psalmen. Der Schrei „Mein Gott, mein Gott, warum hast
du mich verlassen?" zum Beispiel steht im 22. Psalm.
Zuletzt folgt das „hohepriesterliche" Gebet Jesu,
wie man es genannt hat, sein großes stellvertreten-
des und fürbittendes Gebet für die Seinen. Man
könnte es als „Ersatz" für das im Johannes-Evangelium
fehlende Vater unser ansehen. Es unterstreicht
besonders die ersten drei Bitten und den Schluß des
Vater unser.

MATTHÄUS-EVANGELIUM

Ich preise dich, Vater und Herr Himmels und der
Erde, daß du solches den Weisen und Klugen
verborgen hast und hast es den Unmündigen
offenbart.
Ja, Vater; denn es ist also wohlgefällig
gewesen vor dir.

JOHANNES-EVANGELIUM

Jetzt ist meine Seele betrübt. Und was soll ich
sagen? Vater, hilf mir aus dieser Stunde? Doch
darum bin ich in diese Stunde gekommen.
Vater, verkläre deinen Namen!

VATER UNSER IM HIMMEL

KAPITEL 11, VERSE 25–26

Ich preise dich, Vater, Herr des Himmels und der Erde, weil du all das den Weisen und Klugen verborgen, den Unmündigen aber offenbart hast. Ja, Vater, so hat es dir gefallen.

KAPITEL 12, VERSE 27–28

Jetzt ist meine Seele erschüttert. Was soll ich sagen: Vater, rette mich aus dieser Stunde? Aber deshalb bin ich in diese Stunde gekommen. Vater, verherrliche deinen Namen!

GEHEILIGT WERDE DEIN NAME

JOHANNES-EVANGELIUM

Vater, die Stunde ist da, daß du deinen Sohn verklärest, auf daß dich dein Sohn auch verkläre...
Vater, ich will, daß, wo ich bin, auch die bei mir seien, die du mir gegeben hast, daß sie meine Herrlichkeit sehen, die du mir gegeben hast; denn du hast mich geliebt, ehe denn die Welt gegründet ward.

MARKUS-EVANGELIUM

Abba, mein Vater, es ist dir alles möglich; überhebe mich dieses Kelchs; doch nicht, was ich will, sondern was du willst!

DEIN REICH KOMME. DEIN WILLE GESCHEHE

KAPITEL 17, VERSE 1 UND 24

Vater, die Stunde ist da. Verherrliche deinen Sohn, damit der Sohn dich verherrlicht... Vater, ich will, daß alle, die du mir gegeben hast, dort bei mir sind, wo ich bin. Sie sollen meine Herrlichkeit sehen, die du mir gegeben hast, weil du mich schon geliebt hast vor der Erschaffung der Welt.

KAPITEL 14, VERS 36

Abba, Vater, alles ist dir möglich. Nimm diesen Kelch von mir! Aber nicht, was ich will, sondern was du willst (soll geschehen).

WIE IM HIMMEL, SO AUF ERDEN

MARKUS-EVANGELIUM

Er sah auf zum Himmel und dankte und brach
die Brote und gab sie den Jüngern, daß sie ihnen
vorlegten.

JOHANNES-EVANGELIUM

Jesus aber nahm die Brote, dankte und
gab sie den Jüngern, die Jünger aber denen,
die sich gelagert hatten.

JOHANNES-EVANGELIUM

Mich dürstet!

UNSER TÄGLICHES BROT

KAPITEL 6, VERS 41

Er blickte zum Himmel auf, sprach den Lobpreis, brach die Brote und gab sie den Jüngern, damit sie sie an die Leute austeilten.

KAPITEL 6, VERS 11

Dann nahm Jesus die Brote, sprach das Dankgebet und teilte an die Leute aus, soviel sie wollten.

KAPITEL 19, VERS 28

Mich dürstet.

GIB UNS HEUTE

LUKAS-EVANGELIUM

Vater, vergib ihnen; denn sie wissen nicht, was sie tun!

MARKUS-EVANGELIUM

Eli, Eli, lama asabthani? das ist verdolmetscht: Mein Gott, mein Gott, warum hast du mich verlassen?

LUKAS-EVANGELIUM

Simon, Simon, siehe, der Satanas hat euer begehrt, daß er euch möchte sichten wie den Weizen;
ich aber habe für dich gebeten, daß dein Glaube nicht aufhöre. Und wenn du dermaleinst dich bekehrst, so stärke deine Brüder.

UND VERGIB UNS UNSERE SCHULD, WIE AUCH WIR VERGEBEN UNSERN SCHULDIGERN

KAPITEL 23, VERS 34

Vater, vergib ihnen, denn sie wissen nicht, was sie tun.

KAPITEL 15, VERS 34

Eloï, Eloï, lema sabachtani?, das heißt übersetzt: Mein Gott, mein Gott, warum hast du mich verlassen?

KAPITEL 22, VERSE 31–32

Simon, Simon, der Satan hat verlangt, daß er euch wie Weizen sieben darf. Ich aber habe für dich gebetet, daß dein Glaube nicht erlischt. Und wenn du dich wieder bekehrt hast, dann stärke deine Brüder.

UND FÜHRE UNS NICHT IN VERSUCHUNG

LUKAS-EVANGELIUM

Vater, ich befehle meinen Geist in deine Hände!

JOHANNES-EVANGELIUM

Es ist vollbracht!

JOHANNES-EVANGELIUM

Vater, ich danke dir, daß du mich erhört hast.
Doch ich weiß, daß du mich allezeit hörst.

SONDERN ERLÖSE UNS VON DEM BÖSEN

KAPITEL 23, VERS 46

Vater, in deine Hände lege ich meinen Geist.

KAPITEL 19, VERS 30

Es ist vollbracht!

KAPITEL 11, VERSE 41–42

Vater, ich danke dir, daß du mich erhört hast.
Ich wußte, daß du mich immer erhörst.

DENN DEIN IST DAS REICH UND DIE KRAFT UND DIE
HERRLICHKEIT IN EWIGKEIT

Vater, die Stunde ist da, daß du deinen
Sohn verklärest, auf daß dich dein Sohn auch
verkläre;
gleichwie du ihm Macht hast gegeben über alles
Fleisch, auf daß er das ewige Leben gebe allen, die
du ihm gegeben hast.
Das ist aber das ewige Leben, daß sie dich, der du
allein wahrer Gott bist, und den du gesandt hast,
Jesum Christum, erkennen.
Ich habe dich verklärt auf Erden und vollendet das
Werk, das du mir gegeben hast, daß ich es tun sollte.
Und nun verkläre mich du, Vater, bei dir selbst mit
der Klarheit, die ich bei dir hatte, ehe die Welt war.
Ich habe deinen Namen offenbart den Menschen,
die du mir von der Welt gegeben hast. Sie waren
dein, und du hast sie mir gegeben, und sie haben
dein Wort behalten.
Nun wissen sie, daß alles, was du mir gegeben hast,
sei von dir.
Denn die Worte, die du mir gegeben hast, habe ich
ihnen gegeben; und sie haben's angenommen und
erkannt wahrhaftig, daß ich von dir ausgegangen
bin, und glauben, daß du mich gesandt hast.
Ich bitte für sie und bitte nicht für die Welt, sondern
für die, die du mir gegeben hast; denn sie sind dein.
Und alles, was mein ist, das ist dein, und was dein
ist, das ist mein; und ich bin in ihnen verklärt.
Und ich bin nicht mehr in der Welt; sie aber sind in
der Welt, und ich komme zu dir. Heiliger Vater,
erhalte sie in deinem Namen, die du mir gegeben

KAPITEL 17, VERSE 1–26

Vater, die Stunde ist da. Verherrliche deinen
Sohn, damit der Sohn dich verherrlicht. Denn du
hast ihm Macht über alle Menschen gegeben, damit
er allen, die du ihm gegeben hast, ewiges Leben
schenkt. Das ist das ewige Leben: dich, den einzigen
wahren Gott, zu erkennen und Jesus Christus, den
du gesandt hast. Ich habe dich auf der Erde verherrlicht und das Werk zu Ende geführt, das du mir
aufgetragen hast. Vater, verherrliche du mich jetzt
bei dir mit der Herrlichkeit, die ich bei dir hatte,
bevor die Welt war.
Ich habe deinen Namen den Menschen offenbart,
die du mir aus der Welt gegeben hast. Sie gehörten
dir, und du hast sie mir gegeben, und sie haben an
deinem Wort festgehalten. Sie haben jetzt erkannt,
daß alles, was du mir gegeben hast, von dir ist.
Denn die Worte, die du mir gegeben hast, gab ich
ihnen, und sie haben sie angenommen. Sie haben
wirklich erkannt, daß ich von dir ausgegangen bin,
und sie sind zu dem Glauben gekommen, daß du
mich gesandt hast.
Für sie bitte ich; nicht für die Welt bitte ich,
sondern für alle, die du mir gegeben hast;
denn sie gehören dir. Alles, was mein ist,
ist dein, und was dein ist, ist mein; in ihnen
bin ich verherrlicht. Ich bin nicht mehr in
der Welt, aber sie sind in der Welt, und ich gehe
zu dir. Heiliger Vater, bewahre sie in deinem
Namen, den du mir gegeben hast, damit sie eins sind
wie wir. Solange ich bei ihnen war, bewahrte ich sie

hast, daß sie eins seien gleichwie wir.
Dieweil ich bei ihnen war in der Welt, erhielt ich
sie in deinem Namen. Die du mir gegeben hast, die
habe ich bewahrt, und ist keiner von ihnen verloren, als das verlorene Kind, daß die Schrift
erfüllet würde.
Nun aber komme ich zu dir und rede solches in der
Welt, auf daß sie in ihnen haben meine Freude
vollkommen.
Ich habe ihnen gegeben dein Wort, und die Welt
haßte sie; denn sie sind nicht von der Welt, wie
denn auch ich nicht von der Welt bin.
Ich bitte nicht, daß du sie von der Welt nehmest,
sondern daß du sie bewahrest vor dem Übel.
Sie sind nicht von der Welt, gleichwie ich auch
nicht von der Welt bin.
Heilige sie in deiner Wahrheit; dein Wort ist die
Wahrheit.
Gleichwie du mich gesandt hast in die Welt, so
sende ich sie auch in die Welt.
Ich heilige mich selbst für sie, auf daß auch sie
geheiligt seien in der Wahrheit.
Ich bitte aber nicht allein für sie, sondern auch für
die, so durch ihr Wort an mich glauben werden,
auf daß sie alle eins seien, gleichwie du, Vater,
in mir und ich in dir; daß auch sie in uns eins seien,
auf daß die Welt glaube, du habest mich gesandt.
Und ich habe ihnen gegeben die Herrlichkeit, die
du mir gegeben hast, daß sie eins seien, gleichwie
wir eins sind,

in deinem Namen, den du mir gegeben hast. Und
ich habe sie behütet, und keiner von ihnen ging
verloren, außer dem Sohn des Verderbens, damit
sich die Schrift erfüllt. Aber jetzt gehe ich zu dir.
Doch dies rede ich noch in der Welt, damit sie meine
Freude in Fülle in sich haben. Ich habe ihnen dein
Wort gegeben, und die Welt hat sie gehaßt, weil sie
nicht von der Welt sind, wie auch ich nicht von
der Welt bin. Ich bitte nicht, daß du sie aus der
Welt nimmst, sondern daß du sie vor dem Bösen
bewahrst. Sie sind nicht von der Welt, wie auch
ich nicht von der Welt bin. Heilige sie in der Wahrheit; dein Wort ist Wahrheit. Wie du mich in die
Welt gesandt hast, so habe auch ich sie in die Welt
gesandt. Und ich heilige mich für sie, damit auch
sie in der Wahrheit geheiligt sind.

Aber ich bitte nicht nur für diese hier, sondern auch
für alle, die durch ihr Wort an mich glauben. Alle
sollen eins sein: Wie du, Vater, in mir bist und ich
in dir bin, sollen auch sie in uns sein, damit die
Welt glaubt, daß du mich gesandt hast. Und ich
habe ihnen die Herrlichkeit gegeben, die du mir
gegeben hast; denn sie sollen eins sein, wie wir eins
sind, ich in ihnen und du in mir. So sollen sie vollendet sein in der Einheit, damit die Welt erkennt,
daß du mich gesandt hast und die Meinen ebenso
geliebt hast wie mich. Vater, ich will, daß alle, die
du mir gegeben hast, dort bei mir sind, wo ich bin.
Sie sollen meine Herrlichkeit sehen, die du mir
gegeben hast, weil du mich schon geliebt hast vor

ich in ihnen und du in mir, auf daß sie vollkommen seien in eins und die Welt erkenne, daß du mich gesandt hast und liebest sie, gleichwie du mich liebst.

Vater, ich will, daß, wo ich bin, auch die bei mir seien, die du mir gegeben hast, daß sie meine Herrlichkeit sehen, die du mir gegeben hast; denn du hast mich geliebt, ehe denn die Welt gegründet ward.

Gerechter Vater, die Welt kennt dich nicht; ich aber kenne dich, und diese erkennen, daß du mich gesandt hast.

Und ich habe ihnen deinen Namen kundgetan und will ihn kundtun, auf daß die Liebe, damit du mich liebst, sei in ihnen und ich in ihnen.

der Erschaffung der Welt. Gerechter Vater, die Welt
hat dich nicht erkannt, ich aber habe dich erkannt,
und sie haben erkannt, daß du mich gesandt hast.
Ich habe ihnen deinen Namen bekannt gemacht
und werde ihn bekannt machen, damit die Liebe,
mit der du mich geliebt hast, in ihnen ist und damit
ich in ihnen bin.

Wir beten

In diesem Kapitel finden sich die Gebete der „ersten
Generation": derjenigen, die bittend und auf Hilfe angewiesen zu Jesus kommen, wie es die Evangelien berichten;
die Gebete der Jünger und Apostel Jesu, die es zum ersten
Mal wagen, „im Namen Jesu" zu beten; und schließlich
die Gebete der frühen christlichen Gemeinde. Die Texte
sind jedoch so angeordnet, daß die einzelnen Gebets-
anliegen und Gebetsformen deutlich werden, unabhängig
davon, als wessen Gebet sie überliefert sind. Es sind ja
zugleich, noch immer oder wieder neu, auch die Inhalte
unserer Gebete. Hier wird es manchen Text geben, mit
dem auch der moderne Mensch sich leicht identifizieren
kann. Manches ist dem einen oder anderen auch aus der
Liturgie der Kirche bekannt und vertraut.

Trotz der Gliederung innerhalb der drei Abschnitte
(je in der Reihenfolge der Bücher des Neuen Testaments
geordnet) wird schnell deutlich werden, daß Fragen-
Anrufen-Bereitsein mit Bitten und Segnen, mit
Anbeten und Danken sowohl inhaltlich als auch in der
Form eng zusammenhängt nicht scharf von einander zu
trennen ist. Obgleich versucht worden ist, die
einzelnen Texte da einzuordnen, wo das jeweilige
Anliegen überwiegt, kann eine derartige Ein-
teilung oder Gliederung keine Abgrenzung sein.

Alle diese Gebetselemente bilden die Summe dessen, was
Menschen vor Gott bringen. Wer sich in sie vertieft, wird
erkennen, welcher Reichtum sich darin verbirgt – und
wie verarmt unser Gebet oft geworden ist, das sich
vielfach nicht auf Gott sondern nur auf uns selbst bezieht.

FRAGEN, ANRUFEN, BEREITSEIN

Im Neuen Testament begegnet uns das Fragen nach Gott als eine Art Vorstufe zum Gebet. Wer nach Gott fragt, ist schon ein Stück auf dem Wege zu ihm.
Johannes der Täufer und die Apostel sind für den Glauben der Kirche im Zeugnis des Neuen Testaments von einzigartiger, grundlegender Bedeutung. Sie gehören zu den „großen Betern". Aber auch sie waren zuweilen schwach und unsicher, voller Zweifel. So kommen sie als beispielhafte Frager zu Worte.
Johannes der Täufer fragt bei Jesus an, ob er der sei, auf den sich die Hoffnung der Glaubenden in Israel richtet (Matthäus 11, 2–6). Er fragt, obwohl er gerade den besonderen Auftrag hat, auf das Kommen des Messias zu weisen. Denn, anders als es sich die Frommen vorstellten, sitzt der Bote des Kommenden im Gefängnis des Herodes, ohnmächtig dem König ausgeliefert. Warum kommt der Messias nicht, zuerst ihn wieder in die Freiheit zu führen? Seine Frage kommt aus der Anfechtung seines Gefangenseins und daraus, daß er in einer bestimmten Vorstellung vom Wirken des Christus befangen ist. Aber Jesus weist ihn „nur" auf die Worte des Propheten Jesaja hin, in denen von dem verborgenen Tun des Gottesgesandten die Rede ist: „Blinde sehen und Lahme gehen, Aussätzige werden rein und Taube hören, Tote stehen auf und Armen wird das Evangelium gepredigt" (Matthäus 11, 5). Es sind auch hier Zitate aus dem Alten Testament (Jesaja 26, 19; 29, 18; 35, 51; 61, 1), deren sich Jesus bedient. Das, was Blinde, Aussätzige und Lahme erleben, wenn Jesus ihnen das Evangelium predigt, ist eine „indirekte" Antwort auf die Frage des Täufers. Es ist zugleich eine sehr wichtige Antwort auf unser Fragen nach der Erhörung unserer Gebete und Wünsche. Wir

wissen, daß Gott all unser Fragen hört; aber wir zweifeln und verzweifeln, wenn er nicht tut, was wir für richtig halten oder so brennend wünschen. Zumeist bedeutet das, daß wir wie Johannes der Täufer nicht auf die Schrift gehört haben, sondern von unseren Vorstellungen ausgegangen sind, und seien sie uns noch so einleuchtend. Jesus ruft dem Fragenden zu – und damit allen, die aus der Anfechtung, dem Leid und der Not so fragen: „Selig ist, der sich nicht an mir ärgert!" (Matthäus 11, 6) Betend fragt die Urgemeinde ihren Herrn, wer zum Apostel in ihr berufen werden soll, nachdem Judas sein Amt verwirkt hat. Erst nach dieser „Personalfrage", diesem Gebet, wählt sie dann Matthias durch das Los, eine Praxis der Urchristenheit, die in der Kirche bald in Vergessenheit geriet und blieb! Auch hier gelangten unsere Vorstellungen in den Vordergrund und nicht das Fragen nach dem Willen Gottes.

Schließlich, auch Paulus fragt, nachdem seine eigene Vorstellung von Gott in Damaskus durch einen plötzlichen Anruf des auferstandenen Herrn einer folgenschweren und entscheidenden Korrektur unterzogen wird. Welche Folge diese Veränderung hat, finden wir zuerst im Worte Jesu Christi an Ananias angedeutet: „Denn siehe, er (Paulus) betet!" (Apostelgeschichte 9, 11) Das Fragen erfährt den Anruf Gottes oft gerade in den Augenblicken besonderer Not und Anfechtung. Solches Fragen ist kurz, fast ein Schrei! Es drückt Hilflosigkeit, Angst und Unsicherheit aus. Es macht deutlich, daß „des Menschen höchste Vollkommenheit ist, Gott nötig zu haben"! (Kierkegaard) So ist auch das Wort des „Hauptmanns von Kapernaum" zu verstehen: „Herr, ich bin nicht wert, daß du unter mein Dach gehest..." (Matthäus 8, 8) Bezeichnenderweise ist dies Wort als Gebet schon früh in die Abendmahlsliturgie der Kirche aufgenommen worden.

Im Schlußteil dieses Abschnittes schließlich machen die Zitate deutlich, daß der Beter Konsequenzen aus seinem

Gespräch mit Gott zieht. Es wird beim Beten nicht nur gesprochen. Das Gebet bewirkt vielmehr im Beter die Bereitschaft, dem Wort Gottes als Antwort auf sein Schreien Vertrauen zu schenken, ihm zu folgen und zum „Gottesdienst", zur Tat bereit zu sein. Im „Ja" der Maria, der Bereitschaft des Stephanus zum Martyrium, dem Gehorsam des Paulus, sich führen und Aufgaben von Jesus geben zu lassen, in der Bereitschaft zu leiden und im Zugehen der Gemeinde auf das kommende Reich, wie es in den Worten der Offenbarung Johannis Gestalt gewonnen hat – in all dem erkennen wir die Weite der Konsequenzen, die das Gebet ermöglicht.

FRAGEN

MATTHÄUS-EVANGELIUM

Bist du, der da kommen soll, oder sollen wir eines andern warten?

APOSTELGESCHICHTE

Herr, aller Herzen Kündiger, zeige an, welchen du erwählt hast...

APOSTELGESCHICHTE

Herr, wer bist du? Herr, was soll ich tun?

KAPITEL 11, VERS 3

Bist du der, der kommen soll, oder müssen wir auf einen andern warten?

KAPITEL 1, VERS 24

Herr, du kennst die Herzen aller; zeige, wen... du erwählt hast.

KAPITEL 22, VERSE 8 UND 10

Wer bist du, Herr? Herr, was soll ich tun?

ANRUFEN

MARKUS-EVANGELIUM

Willst du, so kannst du mich wohl reinigen.

MARKUS-EVANGELIUM

Meister, fragst du nichts darnach, daß wir verderben?

KAPITEL 1, VERS 40

Wenn du willst, kannst du machen, daß ich rein werde.

KAPITEL 4, VERS 38

Meister, kümmert es dich nicht, daß wir zugrundegehen?

MARKUS-EVANGELIUM

Jesu, du Sohn Davids, erbarme dich mein!...
Rabbuni, daß ich sehend werde!

LUKAS-EVANGELIUM

Ach Herr, bemühe dich nicht; ich bin nicht wert,
daß du unter mein Dach gehest;
darum habe ich auch mich selbst nicht würdig geachtet, daß ich zu dir käme; sondern sprich ein Wort, so wird mein Knecht gesund.

KAPITEL 10, VERSE 47 UND 51

Sohn Davids, Jesus, hab Erbarmen mit mir!...
Ich möchte wieder sehen können.

KAPITEL 7, VERSE 6–7

Herr, bemüh dich nicht! Denn ich bin es nicht
wert, daß du mein Haus betrittst.
Deshalb habe ich mich auch nicht für würdig gehalten, selbst zu dir zu kommen. Sprich nur ein
Wort, dann muß mein Diener gesund werden.

BEREITSEIN

LUKAS-EVANGELIUM

Siehe, ich bin des Herrn Magd; mir geschehe, wie du gesagt hast.

APOSTELGESCHICHTE

Herr Jesu, nimm meinen Geist auf!

APOSTELGESCHICHTE

Hier bin ich, Herr.

OFFENBARUNG

Amen, ja komm, Herr Jesu!

KAPITEL 1, VERS 38

Ich bin die Magd des Herrn; mir geschehe, wie du es gesagt hast.

KAPITEL 7, VERS 59

Herr Jesus, nimm meinen Geist auf!

KAPITEL 9, VERS 10

Hier bin ich, Herr.

KAPITEL 22, VERS 20

Amen. Komm, Herr Jesus!

In unserer Auswahl wird zwischen Anrufen, die sich in der Darstellung der vier Evangelien direkt an Jesus wenden, und zwischen Gebeten der Apostel und der Urgemeinde nach Ostern und Himmelfahrt, die sich an den Auferstandenen oder an Gott wenden, kein Unterschied gemacht. Das wurde schon im vorigen Abschnitt erkennbar. Denn die Bittrufe an den irdischen Jesus ebenso wie die Gebete an den erhöhten Herrn machen das Gebetsverständnis und die Gebetspraxis aus neutestamentlicher Sicht in gleicher Weise deutlich: vor Gott kann alles, was das Menschenherz bewegt, ausgesprochen werden – ohne jede Einschränkung! Dies Vorrecht der Gotteskinder kennzeichnet auch die in diesem Abschnitt zitierten Bitten und die Segensworte. Die Zusammenstellung dieser beiden Arten des Betens, der Bitte und des Segnens, erklärt sich daraus, daß der neutestamentliche Segen eigentlich eine besondere Art der Fürbitte ist, die vom Zuspruch Gottes getragen wird für die, die gesegnet sein sollen. Freilich, auch Anbetung und Dank, die im letzten Abschnitt zu Worte kommen, sind vom Bitten und Segnen im Gebet des Neuen Testaments nicht grundsätzlich geschieden, so daß in manchen Stellen wieder eine Verbindung zwischen diesen Gebeten besteht.

Im Mittelpunkt der meisten Bitten steht das Leben und der Auftrag, den Christus seiner Gemeinde und ihren Gliedern gegeben hat: „Daß das Wort des Herrn laufe" (2. Thessalonicher 3, 1) soll Anliegen des Gebets sein. Aber auch für die übrige Welt, ihre Ordnungen und Gefahren und für ihre Menschen wird gebetet: „So ermahne ich nun, daß man vor allen Dingen zuerst tue Bitte, Gebet, Fürbitte und Danksagung für alle Menschen, für die Könige und für alle Obrigkeit, auf daß wir ein ruhiges und stilles Leben führen mögen in aller Gottseligkeit und Ehrbarkeit. Denn solches ist gut und angenehm vor Gott unserm Heiland, welcher will, daß allen Menschen geholfen werde und sie zur Erkenntnis der Wahrheit kommen" (1. Timotheus 2, 1–4).

Aber Paulus kann auch auffordern, für ihn selbst, den Apostel, zu beten: „Ich ermahne euch aber, liebe Brüder, durch unsern Herrn Jesus Christus und durch die Liebe des Geistes, daß ihr mir helft kämpfen mit Beten für mich zu Gott!" (Römer 15, 30) Ja, er macht kein Hehl daraus, daß er zur Heilung seiner Krankheit den Herrn immer wieder angefleht habe: „Damit ich mich wegen der einzigartigen Offenbarungen nicht überhebe, wurde mir ein Stachel ins Fleisch gestoßen, ein Bote Satans, der mich mit Fäusten schlagen soll, damit ich mich nicht überhebe. Dreimal habe ich den Herrn angefleht, daß dieser Bote Satans von mir ablasse. Er (Jesus) aber antwortete mir: Meine Gnade genügt dir, denn sie erweist ihre Kraft in der Schwachheit" (2. Korinther 12, 7–9).

Während die weitgefächerten Bitten ein Aussprechen von Anliegen des Beters vor Gott sind, formen sich die Segensworte zu feierlichen Wünschen für die, denen sie gelten. Sie enthalten das, was der Segnende im Namen Gottes dem andern oder der Gemeinde zusprechen will. Dabei sind sie keine Formeln, auch wenn oft wiederkehrende Formulierungen sie bestimmen. Sie sind echte Wünsche und Bitten um Gaben, die besonders wichtig für Glaube und Leben sind, und die dann in der Regel auch besonders herausgehoben werden: die Gabe des Heiligen Geistes, die Gnade Gottes, sein Frieden haben dabei Vorrang. Aber sie reichen auch von ganz persönlichen Briefgrüßen bis zu den Bitten um Taten Gottes, die in das Leben der Gemeinde oder des einzelnen eingreifen und das bisherige Leben verändern. Diese Fülle von Segensworten im Neuen Testament stellt uns wiederum die Frage, wie oft wir in unsern Wünschen und Gebeten so auf uns selbst bezogen und mit uns beschäftigt sind, daß wir nicht mehr bereit noch fähig sind, in der intensiven Form des Segnens den andern in den unmittelbaren Wirkungsbereich des dreieinigen Gottes zu stellen. Das aber ist die Absicht des Segnens im Neuen Testament.

Die frühe Christenheit wußte noch etwas von der Kraft des Segens, ebenso wie von der Kraft des Fluches. Der Fluch ist das Gegenteil vom Segen. Im Neuen Testament ist der Fluch, eigentlich die Verfluchung, nur andeutungsweise zu finden (zum Beispiel im Galaterbrief 1, 8; 3, 10); eine deutliche Formulierung findet man ebenfalls kaum. Das Wort Jesu: „Segnet die, so euch verfluchen!" (Lukas 6, 28) und das Pauluswort „Segnet, und fluchet nicht!" (Römer 12, 14) sind Zeichen dafür, daß die im Heidentum gebrauchte böse Macht des Fluchens von der Liebe Christi überwunden ist.

BITTEN

RÖMERBRIEF

Aufs erste danke ich meinem Gott durch Jesum Christum euer aller halben, daß man von eurem Glauben in aller Welt sagt.
Denn Gott ist mein Zeuge, welchem ich diene in meinem Geist am Evangelium von seinem Sohn, daß ich ohne Unterlaß euer gedenke
und allezeit in meinem Gebet flehe, ob sich's einmal zutragen wollte, daß ich zu euch käme durch Gottes Willen.

RÖMERBRIEF

Ich elender Mensch! wer wird mich erlösen von dem Leibe dieses Todes?
Ich danke Gott durch Jesum Christum, unsern Herrn.

KAPITEL 1, VERSE 8–10

Zunächst danke ich meinem Gott durch Jesus Christus für euch alle, weil euer Glaube in der ganzen Welt verkündet wird. Denn Gott, den ich im Dienst des Evangeliums von seinem Sohn mit ganzem Herzen ehre, ist mein Zeuge: Unablässig denke ich an euch in allen meinen Gebeten und bitte darum, es möge mir durch Gottes Willen endlich gelingen, zu euch zu kommen.

KAPITEL 7, VERSE 24–25

Ich unglücklicher Mensch! Wer wird mich aus diesem dem Tod verfallenen Leib erretten? Dank sei Gott durch Jesus Christus, unseren Herrn!

RÖMERBRIEF

Liebe Brüder, meines Herzens Wunsch ist, und ich flehe auch zu Gott für Israel, daß sie selig werden.

RÖMERBRIEF

Es ist hier kein Unterschied unter Juden und Griechen; es ist aller zumal ein Herr, reich über alle, die ihn anrufen.
Denn, „wer den Namen des Herrn wird anrufen, soll selig werden."

RÖMERBRIEF

Der Gott aber der Geduld und des Trostes gebe euch, daß ihr einerlei gesinnt seid untereinander nach Jesu Christo,
auf daß ihr einmütig mit einem Munde lobet Gott und den Vater unsers Herrn Jesu Christi.

KAPITEL 10, VERS 1

Brüder, ich wünsche von ganzem Herzen und bete zu Gott, daß sie (meine Brüder, die der Abstammung nach mit mir verbunden sind, die Israeliten) gerettet werden.

KAPITEL 10, VERSE 12–13

Es gibt keinen Unterschied zwischen Juden und Griechen. Alle haben denselben Herrn; aus seinem Reichtum beschenkt er alle, die ihn anrufen. Denn jeder, der den Namen des Herrn anruft, wird gerettet werden.

KAPITEL 15, VERSE 5–6

Der Gott der Geduld und des Trostes schenke euch die Einmütigkeit, die Christus Jesus entspricht, damit ihr Gott, den Vater unseres Herrn Jesus Christus, einträchtig und mit einem Munde preist.

RÖMERBRIEF

Der Gott aber der Hoffnung erfülle euch mit aller Freude und Frieden im Glauben, daß ihr völlige Hoffnung habet durch die Kraft des heiligen Geistes.

RÖMERBRIEF

Ich ermahne euch aber, liebe Brüder, durch unsern Herrn Jesus Christus und durch die Liebe des Geistes, daß ihr mir helfet kämpfen mit Beten für mich zu Gott,
auf daß ich errettet werde von den Ungläubigen in Judäa und daß mein Dienst, den ich für Jerusalem tue, angenehm werde den Heiligen,
auf daß ich mit Freuden zu euch komme durch den Willen Gottes und mich mit euch erquicke.
Der Gott aber des Friedens sei mit euch allen. Amen.

RÖMERBRIEF

Aber der Gott des Friedens zertrete den Satan unter eure Füße in kurzem. Die Gnade unsers Herrn Jesu Christi sei mit euch!

KAPITEL 15, VERS 13

Der Gott der Hoffnung aber erfülle euch mit aller Freude und mit allem Frieden im Glauben, damit ihr reich werdet an Hoffnung in der Kraft des Heiligen Geistes.

KAPITEL 15, VERSE 30–33

Ich bitte euch, meine Brüder, im Namen Jesu Christi, unseres Herrn, und bei der Liebe des Geistes: Steht mir bei, und betet für mich zu Gott, daß ich vor den Ungläubigen in Judäa gerettet werde, daß mein Dienst in Jerusalem von den Heiligen dankbar aufgenommen wird und daß ich, wenn es Gottes Wille ist, voll Freude zu euch kommen kann, um mit euch eine Zeit der Ruhe zu verbringen.
Der Gott des Friedens sei mit euch allen. Amen.

KAPITEL 16, VERS 20

Der Gott des Friedens wird den Satan bald zertreten und unter eure Füße legen. Die Gnade Jesu, unseres Herrn, sei mit euch!

Und auf daß ich mich nicht der hohen Offenbarungen überhebe, ist mir gegeben ein Pfahl ins Fleisch, nämlich des Satans Engel, der mich mit Fäusten schlage, auf daß ich mich nicht überhebe.
Dafür ich dreimal zum Herrn gefleht habe, daß er von mir wiche.
Und er hat zu mir gesagt: Laß dir an meiner Gnade genügen; denn meine Kraft ist in den Schwachen mächtig. Darum will ich mich am allerliebsten rühmen meiner Schwachheit, auf daß die Kraft Christi bei mir wohne.

KAPITEL 12, VERSE 7–9

Damit ich mich wegen der einzigartigen Offenbarungen nicht überhebe, wurde mir ein Stachel ins Fleisch gestoßen: ein Bote Satans, der mich mit Fäusten schlagen soll, damit ich mich nicht überhebe. Dreimal habe ich den Herrn angefleht, daß dieser Bote Satans von mir ablasse. Er aber antwortete mir: Meine Gnade genügt dir, denn sie erweist ihre Kraft in der Schwachheit. Viel lieber also will ich mich meiner Schwachheit rühmen, damit die Kraft Christi auf mich herabkommt.

ZWEITER KORINTHERBRIEF

Ich bitte aber Gott, daß ihr nichts Übles tut; nicht,
auf daß wir als tüchtig angesehen werden,
sondern auf daß ihr das Gute tut und wir wie die
Untüchtigen seien.

GALATERBRIEF

Gnade sei mit euch und Friede von Gott, dem
Vater, und unserm Herrn Jesus Christus,
der sich selbst für unsere Sünden gegeben hat, daß
er uns errettete von dieser gegenwärtigen, argen
Welt nach dem Willen Gottes und unsers Vaters,
welchem sei Ehre von Ewigkeit zu Ewigkeit! Amen.

KAPITEL 13, VERS 7

Doch flehen wir zu Gott, daß ihr nichts Böses tut, nicht, damit wir gerechtfertigt erscheinen, sondern nur, damit ihr das Gute tut, wir aber wie Versager dastehen.

KAPITEL 1, VERSE 3–5

Gnade sei mit euch und Friede von Gott, unserem Vater, und dem Herrn Jesus Christus, der sich für unsere Sünden hingegeben hat, um uns aus der gegenwärtigen bösen Welt zu befreien, nach dem Willen unseres Gottes und Vaters. Ihm sei Ehre in alle Ewigkeit. Amen.

EPHESERBRIEF

Ich höre nicht auf, zu danken für euch, und gedenke euer in meinem Gebet,
daß der Gott unsers Herrn Jesu Christi, der Vater der Herrlichkeit, gebe euch den Geist der Weisheit und der Offenbarung zu seiner selbst Erkenntnis und erleuchtete Augen eures Verständnisses, daß ihr erkennen möget, welche da sei die Hoffnung eurer Berufung, und welcher sei der Reichtum seines herrlichen Erbes bei seinen Heiligen,
und welche da sei die überschwengliche Größe seiner Kraft an uns, die wir glauben nach der Wirkung seiner mächtigen Stärke,
welche er gewirkt hat in Christo, da er ihn von den Toten auferweckt hat und gesetzt zu seiner Rechten im Himmel
über alle Fürstentümer, Gewalt, Macht, Herrschaft und alles, was genannt mag werden, nicht allein in dieser Welt sondern auch in der zukünftigen;
und hat alle Dinge unter seine Füße getan und hat ihn gesetzt zum Haupt der Gemeinde über alles, welche da ist sein Leib, nämlich die Fülle des, der alles in allen erfüllt.

KAPITEL 1, VERSE 15–23

Darum höre ich nicht auf, für euch zu danken, wenn ich in meinen Gebeten an euch denke; denn ich habe von eurem Glauben an Jesus, den Herrn, und von eurer Liebe zu allen Heiligen gehört. Der Gott Jesu Christi, unseres Herrn, der Vater der Herrlichkeit, gebe euch den Geist der Weisheit und Offenbarung, damit ihr ihn erkennt. Er erleuchte die Augen eures Herzens, damit ihr versteht, zu welcher Hoffnung ihr durch ihn berufen seid, welchen Reichtum die Herrlichkeit seines Erbes den Heiligen schenkt und wir überragend groß seine Macht sich an uns, den Gläubigen, erweist durch das Wirken seiner Kraft und Stärke. Er hat sie an Christus erwiesen, den er von den Toten auferweckt und im Himmel auf den Platz zu seiner Rechten erhoben hat, hoch über alle Fürsten und Gewalten, Mächte und Herrschaften und über jeden Namen, der nicht nur in dieser Welt, sondern auch in der zukünftigen genannt wird. Alles hat er ihm zu Füßen gelegt und ihn, der als Haupt alles überragt, über die Kirche gesetzt. Sie ist sein Leib und wird von ihm erfüllt, der das All ganz und gar beherrscht.

Derhalben beuge ich meine Kniee vor dem Vater
unsers Herrn Jesu Christi,
der der rechte Vater ist über alles, was da Kinder
heißt im Himmel und auf Erden,
daß er euch Kraft gebe nach dem Reichtum seiner
Herrlichkeit, stark zu werden durch seinen Geist
an dem inwendigen Menschen,
daß Christus wohne durch den Glauben in euren
Herzen und ihr durch die Liebe eingewurzelt und
gegründet werdet,
auf daß ihr begreifen möget mit allen Heiligen,
welches da sei die Breite und die Länge und die
Tiefe und die Höhe;
auch erkennen die Liebe Christi, die doch alle
Erkenntnis übertrifft, auf daß ihr erfüllt werdet
mit allerlei Gottesfülle.
Dem aber, der überschwenglich tun kann über alles,
das wir bitten oder verstehen, nach der Kraft, die
da in uns wirkt,
dem sei Ehre in der Gemeinde, die in Christo Jesu
ist, zu aller Zeit, von Ewigkeit zu Ewigkeit! Amen.

KAPITEL 3, VERSE 14–21

Daher beuge ich meine Knie vor dem Vater, nach dessen Namen jedes Geschlecht im Himmel und auf der Erde benannt wird, und bitte, er möge euch aufgrund des Reichtums seiner Herrlichkeit schenken, daß ihr in eurem Innern durch seinen Geist an Kraft und Stärke zunehmt. Durch den Glauben wohne Christus in eurem Herzen. In der Liebe verwurzelt und auf sie gegründet, sollt ihr zusammen mit allen Heiligen dazu fähig sein, die Länge und Breite, die Höhe und Tiefe zu ermessen und die Liebe Christi zu verstehen, die alle Erkenntnis übersteigt. So werdet ihr mehr und mehr von der ganzen Fülle Gottes erfüllt. Er aber, der durch die Macht, die in uns wirkt, unendlich viel mehr tun kann, als wir erbitten oder uns ausdenken können, er werde verherrlicht durch die Kirche und durch Christus Jesus in allen Generationen, für ewige Zeiten. Amen.

PHILIPPERBRIEF

Gnade sei mit euch und Friede von Gott, unserm Vater, und dem Herrn Jesus Christus!
Ich danke meinem Gott, so oft ich euer gedenke
(welches ich allezeit tue in allem meinem Gebet für euch alle, und tue das Gebet mit Freuden),
über eure Gemeinschaft am Evangelium vom ersten Tage an bis her,
und bin desselben in guter Zuversicht, daß, der in euch angefangen hat das gute Werk, der wird's auch vollführen bis an den Tag Jesu Christi.

PHILIPPERBRIEF

Und darum bete ich, daß eure Liebe je mehr und mehr reich werde in allerlei Erkenntnis und Erfahrung,
daß ihr prüfen möget, was das Beste sei, auf daß ihr seid lauter und unanstößig auf den Tag Christi,
erfüllt mit Früchten der Gerechtigkeit, die durch Jesum Christum geschehen in euch zu Ehre und Lobe Gottes.

KAPITEL 1, VERSE 2–6

Gnade sei mit euch und Friede von Gott, unserem Vater, und dem Herrn Jesus Christus.
Ich danke meinem Gott jedesmal, wenn ich an euch denke; immer, wenn ich für euch alle bete, tue ich es mit Freude und danke Gott dafür, daß ihr euch gemeinsam für das Evangelium eingesetzt habt vom ersten Tag an bis jetzt. Ich vertraue darauf, daß er, der bei euch das gute Werk begonnen hat, es auch vollenden wird bis zum Tag Christi Jesu.

KAPITEL 1, VERSE 9–11

Und ich bete darum, daß eure Liebe immer noch reicher an Einsicht und Verständnis wird, damit ihr beurteilen könnt, worauf es ankommt. Dann werdet ihr rein und ohne Tadel sein für den Tag Christi, reich an der Frucht der Gerechtigkeit, die Jesus Christus gibt, zur Ehre und zum Lob Gottes.

PHILIPPERBRIEF

Sorget nichts! sondern in allen Dingen lasset eure Bitten im Gebet und Flehen mit Danksagung vor Gott kund werden.
Und der Friede Gottes, welcher höher ist denn alle Vernunft, bewahre eure Herzen und Sinne in Christo Jesu!

PHILIPPERBRIEF

Mein Gott aber fülle aus alle eure Notdurft nach seinem Reichtum in der Herrlichkeit in Christo Jesu.
Gott aber, unserm Vater, sei Ehre von Ewigkeit zu Ewigkeit! Amen.

KOLOSSERBRIEF

Gnade sei mit euch und Friede von Gott, unserm Vater, und dem Herrn Jesus Christus!
Wir danken Gott und dem Vater unsers Herrn Jesu Christi und beten allezeit für euch,
nachdem wir gehört haben von eurem Glauben an Christum Jesum und von der Liebe zu allen Heiligen.

KAPITEL 4, VERSE 6–7

Sorgt euch um nichts, sondern bringt in jeder Lage betend und flehend eure Bitten mit Dank vor Gott! Und der Friede Gottes, der alles Verstehen übersteigt, wird eure Herzen und eure Gedanken in der Gemeinschaft mit Christus Jesus bewahren.

KAPITEL 4, VERSE 19–20

Mein Gott aber wird euch durch Christus Jesus alles, was ihr nötig habt, aus dem Reichtum seiner Herrlichkeit schenken. Unserem Gott und Vater sei die Ehre in alle Ewigkeit! Amen.

KAPITEL 1, VERSE 2–4

Gnade sei mit euch und Friede von Gott, unserem Vater.
Wir danken Gott, dem Vater Jesu Christi, unseres Herrn, jedesmal, wenn wir für euch beten. Denn wir haben von eurem Glauben an Christus Jesus gehört und von der Liebe, die ihr zu allen Heiligen habt.

KOLOSSERBRIEF

Derhalben auch wir von dem Tage an, da wir's gehört haben, hören wir nicht auf, für euch zu beten und zu bitten, daß ihr erfüllt werdet mit Erkenntnis seines Willens in allerlei geistlicher Weisheit und Verständnis,
daß ihr wandelt würdig dem Herrn zu allem Gefallen und fruchtbar seid in allen guten Werken
und wachset in der Erkenntnis Gottes und gestärkt werdet mit aller Kraft nach seiner herrlichen Macht zu aller Geduld und Langmütigkeit mit Freuden,
und danksaget dem Vater, der uns tüchtig gemacht hat zu dem Erbteil der Heiligen im Licht.

KOLOSSERBRIEF

Haltet an am Gebet und wachet in demselben mit Danksagung;
und betet zugleich auch für uns, auf daß Gott uns eine Tür des Worts auftue, zu reden das Geheimnis Christi, darum ich auch gebunden bin,
auf daß ich es offenbare, wie ich soll reden.

KAPITEL 1, VERSE 9–12

Seit dem Tag, an dem wir davon erfahren haben, hören wir nicht auf, inständig für euch zu beten, daß ihr in aller Weisheit und Einsicht, die der Geist schenkt, den Willen des Herrn ganz erkennt. Denn ihr sollt ein Leben führen, das des Herrn würdig ist und in allem sein Gefallen findet. Ihr sollt Frucht bringen in jeder Art von guten Werken und wachsen in der Erkenntnis Gottes. Er gebe euch in der Macht seiner Herrlichkeit viel Kraft, damit ihr in allem Geduld und Ausdauer habt.
Dankt dem Vater mit Freude! Er hat euch fähig gemacht, Anteil zu haben am Los der Heiligen, die im Licht sind.

KAPITEL 4, VERSE 2–4

Laßt nicht nach im Beten; seid dabei wachsam und dankbar! Betet auch für uns, damit Gott uns eine Tür öffnet für das Wort und wir das Geheimnis Christi predigen können, für das ich im Gefängnis bin; betet, daß ich es wieder offenbaren und verkündigen kann, wie es meine Pflicht ist.

KOLOSSERBRIEF

Mein Gruß mit meiner, des Paulus, Hand.
Gedenket meiner Bande! Die Gnade sei mit
euch! Amen.

ERSTER THESSALONICHERBRIEF

Gnade sei mit euch und Friede von Gott, unserm
Vater, und dem Herrn Jesus Christus!
Wir danken Gott allezeit für euch alle und ge-
denken euer in unserm Gebet ohne Unterlaß
und denken an euer Werk im Glauben und an eure
Arbeit in der Liebe und an eure Geduld in der
Hoffnung, welche ist unser Herr Jesus Christus,
vor Gott und unserm Vater.
Denn, liebe Brüder, von Gott geliebt, wir wissen,
wie ihr auserwählt seid,
daß unser Evangelium ist bei euch gewesen nicht
allein im Wort, sondern auch in der Kraft und in
dem heiligen Geist und in großer Gewißheit; wie ihr
denn wisset, welcherlei wir gewesen sind unter euch
um euretwillen.

KAPITEL 4, VERS 18

Den Gruß schreibe ich, Paulus, eigenhändig. Denkt an meine Fesseln! Die Gnade sei mit euch!

KAPITEL 1, VERSE 1–5

Gnade sei mit euch und Friede.
Wir danken Gott für euch alle, sooft wir in unseren Gebeten an euch denken; unablässig erinnern wir uns vor Gott, unserem Vater, an das Werk eures Glaubens, an die Opferbereitschaft eurer Liebe und an die Standhaftigkeit eurer Hoffnung auf Jesus Christus, unseren Herrn. Wir wissen, von Gott geliebte Brüder, daß ihr erwählt seid. Denn wir haben euch das Evangelium nicht nur mit Worten verkündet, sondern auch mit Macht und mit dem Heiligen Geist und mit voller Gewißheit; ihr wißt selbst, wie wir bei euch aufgetreten sind, um euch zu gewinnen.

ERSTER THESSALONICHERBRIEF

Wir bitten Tag und Nacht gar sehr, daß wir
sehen mögen euer Angesicht und erstatten, so
etwas mangelt an eurem Glauben.
Er aber, Gott, unser Vater, und unser Herr Jesus
Christus schicke unsern Weg zu euch.
Euch aber vermehre der Herr und lasse die Liebe
völlig werden untereinander und gegen jedermann
(wie denn auch wir sind gegen euch),
daß eure Herzen gestärkt werden und unsträflich
seien in der Heiligkeit vor Gott und unserm Vater
auf die Zukunft unsers Herrn Jesu Christi samt
allen seinen Heiligen.

ZWEITER THESSALONICHERBRIEF

Und derhalben beten wir auch allezeit für euch,
daß unser Gott euch würdig mache der Berufung
und erfülle alles Wohlgefallen der Güte und das
Werk des Glaubens in der Kraft,
auf daß an euch gepriesen werde der Name unsers
Herrn Jesu Christi und ihr an ihm, nach der Gnade
unsers Gottes und des Herrn Jesu Christi.

KAPITEL 3, VERSE 10–13

Bei Tag und Nacht bitten wir inständig darum, euch wiederzusehen und an eurem Glauben zu ergänzen, was ihm noch fehlt.
Gott, unser Vater, und Jesus, unser Herr, mögen unsere Schritte zu euch lenken. Euch aber lasse der Herr wachsen und reich werden in der Liebe zueinander und zu allen, wie auch wir euch lieben, damit euer Herz gefestigt wird und ihr ohne Tadel seid, geheiligt vor Gott, unserem Vater, wenn Jesus, unser Herr, mit allen seinen Heiligen kommt.

KAPITEL 1, VERSE 11–12

Darum beten wir auch immer für euch, daß unser Gott euch eurer Berufung würdig mache und in seiner Macht allen Willen zum Guten und jedes Werk des Glaubens vollende. So soll der Name Jesu, unseres Herrn, in euch verherrlicht werden und ihr in ihm, durch die Gnade unseres Gottes und Herrn Jesus Christus.

ZWEITER THESSALONICHERBRIEF

Er aber, unser Herr Jesus Christus, und Gott, unser Vater, der uns hat geliebt und uns gegeben einen ewigen Trost und eine gute Hoffnung durch Gnade,
der ermahne eure Herzen und stärke euch in allerlei Lehre und gutem Werk.

ZWEITER THESSALONICHERBRIEF

Weiter, liebe Brüder, betet für uns, daß das Wort des Herrn laufe und gepriesen werde wie bei euch,
und daß wir erlöst werden von den unverständigen und argen Menschen. Denn der Glaube ist nicht jedermanns Ding.

ZWEITER THESSALONICHERBRIEF

Der Herr aber richte eure Herzen zu der Liebe Gottes und zu der Geduld Christi.

KAPITEL 2, VERSE 16–17

Jesus Christus aber, unser Herr, und Gott, unser Vater, der uns seine Liebe zugewandt und uns in seiner Gnade ewigen Trost und sichere Hoffnung geschenkt hat, tröste euch und gebe euch Kraft zu jedem guten Werk und Wort.

KAPITEL 3, VERSE 1–2

Im übrigen, Brüder, betet für uns, damit das Wort des Herrn sich ausbreitet und verherrlicht wird, ebenso wie bei euch. Betet auch darum, daß wir vor den bösen und schlechten Menschen gerettet werden; denn nicht alle nehmen den Glauben an.

KAPITEL 3, VERS 5

Der Herr richte euer Herz darauf, daß ihr Gott liebt und unbeirrt auf Christus wartet.

ZWEITER TIMOTHEUSBRIEF

Gnade, Barmherzigkeit, Friede von Gott,
dem Vater, und Christo Jesu, unserm Herrn!
Ich danke Gott, dem ich diene von meinen Voreltern her in reinem Gewissen, daß ich ohne Unterlaß dein gedenke in meinem Gebet Tag und Nacht.

ZWEITER TIMOTHEUSBRIEF

Der Herr gebe Barmherzigkeit dem Hause des
Onesiphorus; denn er hat mich oft erquickt
und hat sich meiner Kette nicht geschämt,
sondern da er zu Rom war, suchte er mich aufs
fleißigste und fand mich.
Der Herr gebe ihm, daß er finde Barmherzigkeit bei
dem Herrn an jenem Tage. Und wieviel er zu
Ephesus gedient hat, weißt du am besten.

KAPITEL 1, VERSE 2–3

Gnade, Erbarmen und Friede von Gott, dem Vater, und Christus Jesus, unserem Herrn. Ich danke Gott, dem ich wie schon meine Vorfahren mit reinem Gewissen diene – ich danke ihm bei Tag und Nacht in meinen Gebeten, in denen ich unablässig an dich denke.

KAPITEL 1, VERSE 16–18

Der Familie des Onesiphorus schenke der Herr sein Erbarmen, denn Onesiphorus hat mich oft getröstet und hat sich meiner Ketten nicht geschämt; als er nach Rom kam, suchte er unermüdlich nach mir, bis er mich fand. Der Herr gebe ihm, daß er beim Herrn Erbarmen findet an jenem Tag. Seine treuen Dienste in Ephesus kennst du selbst am besten.

PHILEMONBRIEF

Gnade sei mit euch und Friede von Gott, unserm Vater, und dem Herrn Jesus Christus!
Ich danke meinem Gott und gedenke dein allezeit in meinem Gebet,
nachdem ich höre von der Liebe und dem Glauben, welche du hast an den Herrn Jesus und gegen alle Heiligen,
daß der Glaube, den wir miteinander haben, in dir kräftig werde durch Erkenntnis alles des Guten, daß ihr habt in Christo Jesu.

ZWEITER PETRUSBRIEF

Wachset aber in der Gnade und Erkenntnis unsers Herrn und Heilandes Jesu Christi.
Dem sei Ehre nun und zu ewigen Zeiten! Amen.

VERSE 3–6

Gnade sei mit euch und Friede von Gott, unserem Vater, und dem Herrn Jesus Christus.
Ich danke meinem Gott jedesmal, wenn ich in meinen Gebeten an dich denke. Denn ich höre von deinem Glauben an Jesus, den Herrn, und von deiner Liebe zu allen Heiligen. Ich wünsche, daß unser gemeinsamer Glaube in dir wirkt und du all das Gute in uns erkennst, das auf Christus gerichtet ist.

KAPITEL 3, VERS 18

Wachset in der Gnade und Erkenntnis unseres Herrn und Retters Jesus Christus! Ihm gebührt die Herrlichkeit, jetzt und bis zum Tag der Ewigkeit. Amen.

DRITTER JOHANNESBRIEF

Mein Lieber, ich wünsche in allen Stücken, daß dir's wohl gehe und du gesund seist, wie es denn deiner Seele wohl geht.

JAKOBUSBRIEF

So aber jemand unter euch Weisheit mangelt, der bitte Gott, der da gibt einfältig jedermann und rücket's niemand auf, so wird sie ihm gegeben werden.
Er bitte aber im Glauben und zweifle nicht; denn wer da zweifelt, der ist gleich wie die Meereswoge, die vom Winde getrieben und gewebt wird.

VERS 2

Lieber Bruder, ich wünsche dir in jeder Hinsicht Wohlergehen und Gesundheit, so wie es deiner Seele wohlergeht.

KAPITEL 1, VERSE 5–6

Fehlt es aber einem von euch an Weisheit, dann soll er sie von Gott erbitten; Gott wird sie ihm geben, denn er gibt allen gern und macht niemand einen Vorwurf. Wer bittet, soll aber voll Glauben bitten und nicht zweifeln; denn wer zweifelt, ist wie eine Welle, die vom Wind im Meer hin und her getrieben wird.

SEGNEN

ZWEITER KORINTHERBRIEF

Die Gnade unsers Herrn Jesu Christi und die Liebe Gottes und die Gemeinschaft des heiligen Geistes sei mit euch allen! Amen.

GALATERBRIEF

Denn in Christo Jesu gilt weder Beschneidung noch unbeschnitten sein etwas, sondern eine neue Kreatur.
Und wie viele nach dieser Regel einhergehen, über die sei Friede und Barmherzigkeit und über das Israel Gottes.

KAPITEL 13, VERS 13

Die Gnade Jesu Christi, des Herrn, die Liebe Gottes und die Gemeinschaft des Heiligen Geistes sei mit euch allen!

KAPITEL 6, VERSE 15–16

Es kommt nicht darauf an, ob einer beschnitten oder unbeschnitten ist, sondern darauf, daß er neue Schöpfung ist. Friede und Erbarmen komme über alle, die sich von diesem Grundsatz leiten lassen, und über das Israel Gottes.

EPHESERBRIEF

Gnade sei mit euch und Friede von Gott, unserm Vater, und dem Herrn Jesus Christus!

EPHESERBRIEF

Friede sei den Brüdern und Liebe mit Glauben von Gott, dem Vater, und dem Herrn Jesus Christus!
Gnade sei mit allen, die da liebhaben unsern Herrn Jesus Christus unverrückt! Amen.

ERSTER THESSALONICHERBRIEF

Er aber, der Gott des Friedens, heilige euch durch und durch, und euer Geist ganz samt Seele und Leib müsse bewahrt werden unsträflich auf die Zukunft unsers Herrn Jesu Christi.

KAPITEL 1, VERS 2

Gnade sei mit euch und Friede von Gott, unserem Vater, und dem Herrn Jesus Christus.

KAPITEL 6, VERSE 23–24

Friede sei mit den Brüdern, Liebe und Glaube von Gott, dem Vater, und Jesus Christus, dem Herrn. Gnade und unvergängliches Leben sei mit allen, die Jesus Christus, unseren Herrn, lieben!

KAPITEL 5, VERS 23

Der Gott des Friedens heilige euch ganz und gar und bewahre euren Geist, eure Seele und euren Leib unversehrt, damit ihr ohne Tadel seid, wenn Jesus Christus, unser Herr, kommt.

ZWEITER THESSALONICHERBRIEF

Er aber, der Herr des Friedens, gebe euch Frieden allenthalben und auf allerlei Weise. Der Herr sei mit euch allen!

TITUSBRIEF

Gnade, Barmherzigkeit, Friede von Gott, dem Vater, und dem Herrn Jesus Christus, unserm Heiland!

TITUSBRIEF

Es grüßen dich alle, die mit mir sind. Grüße alle, die uns lieben im Glauben. Die Gnade sei mit euch allen! Amen.

KAPITEL 3, VERS 16

Der Herr des Friedens aber schenke euch den Frieden zu jeder Zeit und auf jede Weise. Der Herr sei mit euch allen.

KAPITEL 1, VERS 4

Gnade und Friede von Gott, dem Vater, und Christus Jesus, unserem Retter.

KAPITEL 3, VERS 15

Es grüßen dich alle, die bei mir sind. Grüße alle, die uns durch den Glauben in Liebe verbunden sind. Die Gnade sei mit euch allen!

ERSTER PETRUSBRIEF

Der Gott aber aller Gnade, der uns berufen hat zu seiner ewigen Herrlichkeit in Christo Jesu, der wird euch, die ihr eine kleine Zeit leidet, vollbereiten, stärken, kräftigen, gründen.
Ihm sei Ehre und Macht von Ewigkeit zu Ewigkeit! Amen.

ERSTER PETRUSBRIEF

Grüßet euch untereinander mit dem Kuß der Liebe. Friede sei mit allen, die in Christo Jesu sind! Amen.

ZWEITER PETRUSBRIEF

Gott gebe euch viel Gnade und Frieden durch die Erkenntnis Gottes und Jesu Christi, unsers Herrn!

KAPITEL 5, VERSE 10–11

Der Gott aller Gnade aber, der euch in (der Gemeinschaft mit) Christus zu seiner ewigen Herrlichkeit berufen hat, wird euch, die ihr kurze Zeit leiden müßt, wiederaufrichten, stärken, kräftigen und auf festen Grund stellen. Sein ist die Macht in Ewigkeit. Amen.

KAPITEL 5, VERS 14

Grüßt einander mit dem Kuß der Liebe! Friede sei mit euch allen, die ihr in (der Gemeinschaft mit) Christus seid.

KAPITEL 1, VERS 2

Gnade sei mit euch und Friede in Fülle durch die Erkenntnis Gottes und Jesu, unseres Herrn.

ZWEITER JOHANNESBRIEF

Gnade, Barmherzigkeit, Friede von Gott, dem Vater, und von dem Herrn Jesus Christus, dem Sohn des Vaters, in der Wahrheit und in der Liebe, sei mit euch!

DRITTER JOHANNESBRIEF

Friede sei mit dir!

HEBRÄERBRIEF

Der Gott aber des Friedens, der von den Toten ausgeführt hat den großen Hirten der Schafe durch das Blut des ewigen Testaments, unsern Herrn Jesus,
der mache euch fertig in allem guten Werk,
zu tun seinen Willen, und schaffe in euch,
was vor ihm gefällig ist, durch Jesum Christum;
welchem sei Ehre von Ewigkeit zu Ewigkeit! Amen.

VERS 3

Gnade wird mit uns sein, Erbarmen und Friede von Gott, dem Vater, und von Jesus Christus, dem Sohn des Vaters, in Wahrheit und Liebe.

VERS 15

Friede sei mit dir!

KAPITEL 13, VERSE 20–21

Der Gott des Friedens aber, der Jesus, unseren Herrn, den erhabenen Hirten seiner Schafe, von den Toten heraufgeführt hat durch das Blut eines ewigen Bundes, er mache euch tüchtig in allem Guten, damit ihr seinen Willen tut. Er bewirke in uns, was ihm gefällt, durch Jesus Christus, dem die Ehre sei in alle Ewigkeit. Amen.

JUDASBRIEF

Gott gebe euch viel Barmherzigkeit und Frieden und Liebe!

OFFENBARUNG

Gnade sei mit euch und Friede von dem, der da ist und der da war und der da kommt, und von den sieben Geistern, die da sind vor seinem Stuhl, und von Jesu Christo, welcher ist der treue Zeuge und Erstgeborene von den Toten und der Fürst der Könige auf Erden! Der uns geliebt hat und gewaschen von den Sünden mit seinem Blut und hat uns zu Königen und Priestern gemacht vor Gott und seinem Vater, dem sei Ehre und Gewalt von Ewigkeit zu Ewigkeit! Amen.
Siehe, er kommt mit den Wolken, und es werden ihn sehen alle Augen und die ihn zerstochen haben; und werden heulen alle Geschlechter der Erde. Ja, amen.

VERS 2

Erbarmen, Frieden und Liebe seien mit euch in Fülle.

KAPITEL 1, VERSE 4–7

Gnade sei mit euch und Friede von Ihm, der ist und der war und der kommt, und von den sieben Geistern vor seinem Thron und von Jesus Christus; er ist der treue Zeuge, der Erstgeborene der Toten, der Herrscher über die Könige der Erde. Er liebt uns und hat uns von unseren Sünden erlöst durch sein Blut; er hat uns zu Königen gemacht und zu Priestern vor Gott, seinem Vater. Ihm sei die Herrlichkeit und die Macht in alle Ewigkeit. Amen. Siehe, er kommt mit den Wolken, und jedes Auge wird ihn sehen, auch alle, die ihn durchbohrt haben; und alle Völker der Erde werden seinetwegen jammern und klagen. Ja, amen.

ANBETEN UND DANKEN

Anbeten und Danken sind in Form und Inhalt eng miteinander verbunden. Die Anbetung Gottes, wie sie im Neuen Testament zum Ausdruck kommt, ist stets ein Lobpreis für Gottes Tun, ein Dank für die „großen Taten Gottes" (Apostelgeschichte 2, 11). So preist Maria Gott und betet ihn an, so steht Paulus anbetend vor dem Überwinder des Todes. Aber auch persönliche Erweise der Liebe Gottes sind Anlaß zu Anbetung und Dank. Alle Beispiele in diesem letzten Abschnitt sind erfüllt von großer Freude!
Die Beter und Bekenner des Neuen Testaments haben sich dabei manchmal in der Form ihres Lobpreisens von zeitgenössischen „Vorlagen" anregen lassen. Wer zum Beispiel in den sogenannten „Apokryphen", die aus der Zeit zwischen dem Alten und dem Neuen Testament die Frömmigkeit des Judentums kurz vor dem Wirken Jesu widerspiegeln, im Buche Jesus Sirach den Schluß des 50. Kapitels liest, wird an die großen Gebete der Offenbarung Johannis erinnert:
„Da fielen sogleich alle miteinander zur Erde auf ihr Angesicht und beteten zu ihrem Herrn, dem allmächtigen, höchsten Gott. Und die Sänger lobten ihn mit Psalmen, und das ganze Haus hallte wider von wunderschönen Liedern. Und das Volk betete zum Herrn, dem Höchsten, dem barmherzigen, bis der Gottesdienst beendet war und sie ihre priesterlichen Pflichten vollbracht hatten. Wenn er nun wieder herabschritt, so hob er die Hand auf über die ganze Gemeinde Israel und rief über sie den Segen des Herrn aus, und sein Ruhm war es, den Namen des Herrn auszusprechen. Da beteten sie abermals und nahmen den Segen vom Höchsten an.
Nun danket alle Gott, der große Dinge tut an allen Enden, der uns von Mutterleib an lebendig erhält und

uns alles Gute tut. Er gebe uns ein fröhliches Herz und
verleihe uns Frieden immerdar zu unsrer Zeit in
Israel, daß seine Gnade stets bei uns bleibe und uns
erlöse, solange wir leben." (Jesus Sirach 50, 19–26)
Martin Buber hat das aus dem Griechischen stammende
Wort „Psalmen" in seiner Übersetzung des Gebetsbuches
Israels aus dem Hebräischen mit dem deutschen Wort
„Preisungen" wiedergegeben. Er hat damit zum Ausdruck
gebracht, daß eigentlich alles Beten, jede Bitte an Gott,
vom Lobpreis und der Anbetung bestimmt wird. Schon
die Möglichkeit, den Allmächtigen persönlich anreden zu
dürfen, ist Grund zur Anbetung, Grund zum Dank.
Auffallend viele Zitate dieses Abschnitts stammen aus
dem Evangelium und der Apostelgeschichte des Lukas,
von Paulus und aus der Offenbarung des Johannes.
Gewiß sind auch andere Schriften des Neuen Testaments
beteiligt. Aber die sprachliche, liturgische Ausformung
dieser beiden Weisen, zu beten, ist da zu finden, wo nach
Überlieferung und heutiger Kenntnis besondere Situatio-
nen gegeben waren, die den Weg der Kirche immer wieder
kennzeichnen: Lukas ist offensichtlich der Evangelist,
dem – modern ausgedrückt – soziale, diakonische Dimen-
sionen der Botschaft Jesu am Herzen liegen. Er sieht
Jesus besonders als den Heiland der Kranken, Armen
und Ausgestoßenen. Daraus entspringt sein Lob und
Dank. Die Wirksamkeit des Paulus stand unter dem Auftrag Jesu: „Ich will ihm zeigen, wieviel er leiden muß um
meines Namens willen" (Apostelgeschichte 9, 16). Und
Paulus – betet an und dankt. Die Offenbarung des
Johannes ist in den ersten schweren Verfolgungszeiten
der Christen entstanden, sie spiegelt die Lage der ange-
fochtenen Kirche im Heilsplan Gottes wider. Und diese
angefochtene Kirche jubelt und preist Gott. Es muß
darum der heutigen Kirche zu denken geben, daß Anbetung und Dank gerade in den Grenzsituationen mensch-
lichen und auch kirchlichen Lebens im Neuen Testament
als starker Ausdruck des Glaubens an den bezeugt sind,

dem „alle Gewalt im Himmel und auf Erden" (Matthäus 28, 18) gegeben ist!
Zu den Stellen, in denen Dank und Anbetung laut werden, sind solche hinzugefügt, die auch ohne den Stil des Gebets als Bekenntnis und Lobpreis der heilsgeschichtlichen Wahrheiten einen anbetenden und dankenden Charakter haben. Sie wollen das Nach-denken des Tuns Gottes im Werke Christi, sie wollen Preisung und Dank wecken. Gerade auch die Worte dieses Schlußabschnittes können helfen, die biblischen Zusammenhänge beim Lesen der Bibel neu zu erkennen, um schließlich selbst anzubeten und zu danken. Denn vom Magnificat der Maria bis zu den gewaltigen Schlußworten des letzten Buches der Bibel steht die Heilsgeschichte von der Erwählung Israels bis zur Wiederkunft Christi vor uns.

Meine Seele erhebet den Herrn,
und mein Geist freuet sich Gottes, meines Heilands;
denn er hat die Niedrigkeit seiner Magd angesehen.
Siehe, von nun an werden mich selig preisen alle Kindeskinder;
denn er hat große Dinge an mir getan, der da mächtig ist und des Name heilig ist.
Und seine Barmherzigkeit währet immer für und für bei denen, die ihn fürchten.
Er übet Gewalt mit seinem Arm und zerstreuet, die hoffärtig sind in ihres Herzens Sinn.
Er stößt die Gewaltigen vom Stuhl und erhebt die Niedrigen.
Die Hungrigen füllet er mit Gütern und läßt die Reichen leer.
Er denket der Barmherzigkeit und hilft seinem Diener Israel auf,
wie er geredet hat unsern Vätern, Abraham und seinem Samen ewiglich.

Meine Seele preist die Größe des Herrn,
und mein Geist jubelt über Gott, meinen Retter.
Denn auf die Niedrigkeit seiner Magd hat er geschaut.
Siehe, von nun an preisen mich selig alle Geschlechter.
Denn der Mächtige hat Großes an mir getan, und sein Name ist heilig.
Er erbarmt sich von Geschlecht zu Geschlecht über alle, die ihn fürchten.
Er vollbringt mit seinem Arm machtvolle Taten:
Er zerstreut, die im Herzen voll Hochmut sind;
er stürzt die Mächtigen vom Thron
und erhöht die Niedrigen.
Die Hungernden beschenkt er mit seinen Gaben
und läßt die Reichen leer ausgehen.
Er nimmt sich seines Knechtes Israel an
und denkt an sein Erbarmen,
das er unsern Vätern verheißen hat,
Abraham und seinen Nachkommen auf ewig.

Gelobet sei der Herr, der Gott Israels!
denn er hat besucht und erlöst sein Volk
und hat uns aufgerichtet ein Horn des Heils in dem
Hause seines Dieners David,
wie er vorzeiten geredet hat durch den Mund seiner
heiligen Propheten:
daß er uns errettete von unsern Feinden und von
der Hand aller, die uns hassen,
und Barmherzigkeit erzeigte unsern Vätern und
gedächte an seinen heiligen Bund
und an den Eid, den er geschworen hat unserm
Vater Abraham, uns zu geben,
daß wir, erlöst aus der Hand unsrer Feinde, ihm
dienten ohne Furcht unser Leben lang
in Heiligkeit und Gerechtigkeit, die ihm gefällig ist.
Und du, Kindlein, wirst ein Prophet des Höchsten
heißen. Du wirst vor dem Herrn hergehen, daß du
seinen Weg bereitest
und Erkenntnis des Heils gebest seinem Volk, das
da ist in Vergebung ihrer Sünden;
durch die herzliche Barmherzigkeit unsers Gottes,
durch welche uns besucht hat der Aufgang aus der
Höhe,
auf daß er erscheine denen, die da sitzen in
Finsternis und Schatten des Todes, und richte
unsere Füße auf den Weg des Friedens.

KAPITEL 1, VERSE 68–79

Gepriesen sei der Herr, der Gott Israels!
Denn er hat sein Volk besucht und ihm Erlösung geschaffen;
er hat uns einen starken Retter erweckt
im Hause seines Knechtes David.
So hat er verheißen von alters her
durch den Mund seiner heiligen Propheten.
Er hat uns errettet vor unseren Feinden
und aus der Hand aller, die uns hassen;
er hat das Erbarmen mit den Vätern an uns vollendet und an seinen heiligen Bund gedacht,
an den Eid, den er unserm Vater Abraham geschworen hat;
er hat uns geschenkt, daß wir, aus Feindeshand befreit,
ihm furchtlos dienen
in Heiligkeit und Gerechtigkeit
vor seinem Angesicht all unsre Tage.
Und du, Kind, wirst Prophet des Höchsten heißen;
denn du wirst dem Herrn vorangehen und ihm
den Weg bereiten.
Du wirst sein Volk mit der Erfahrung des Heils beschenken
in der Vergebung der Sünden.
Durch die barmherzige Liebe unseres Gottes wird
uns besuchen das aufstrahlende Licht aus der Höhe,
um allen zu leuchten, die in Finsternis sitzen
und im Schatten des Todes,
und unsre Schritte zu lenken auf den Weg
des Friedens.

LUKAS-EVANGELIUM

Ehre sei Gott in der Höhe und Friede auf Erden
und den Menschen ein Wohlgefallen!

LUKAS-EVANGELIUM

Herr, nun lässest du deinen Diener im Frieden
fahren, wie du gesagt hast;
denn meine Augen haben deinen Heiland gesehen,
welchen du bereitet hast vor allen Völkern,
ein Licht, zu erleuchten die Heiden, und zum Preis
deines Volkes Israel.

KAPITEL 2, VERS 14

Verherrlicht ist Gott in der Höhe,
 und auf Erden ist Friede
bei den Menschen seiner Gnade.

KAPITEL 2, VERSE 29–32

Nun läßt du, Herr, deinen Knecht,
 wie du gesagt hast, in Frieden scheiden.
Denn meine Augen haben das Heil gesehen,
das du vor allen Völkern bereitet hast,
ein Licht, das die Heiden erleuchtet,
und Herrlichkeit für dein Volk Israel.

Gott hat Jesus auferweckt, und aufgelöst die Schmerzen des Todes, wie es denn unmöglich war, daß er sollte von ihm gehalten werden.
Denn David spricht von ihm: Darum ist mein Herz fröhlich, und meine Zunge freuet sich; denn auch mein Fleisch wird ruhen in der Hoffnung.
Denn du wirst meine Seele nicht dem Tode lassen, auch nicht zugeben, daß dein Heiliger die Verwesung sehe.
Du hast mir kundgetan die Wege des Lebens; du wirst mich erfüllen mit Freuden vor deinem Angesicht.

KAPITEL 2, VERSE 24, 26–28

Gott aber hat Jesus von den Wehen des Todes
befreit und auferweckt; denn es war unmöglich,
daß er vom Tod festgehalten wurde. David nämlich
sagt über ihn:
Ich habe den Herrn beständig vor Augen.
Er steht mir zur Rechten, ich wanke nicht.
Darum freut sich mein Herz
und frohlockt meine Zunge,
und auch mein Leib wird in sicherer Hoffnung
ruhen;
denn du gibst mich nicht der Unterwelt preis,
noch läßt du deinen Frommen
die Verwesung schauen.
Du zeigst mir die Wege zum Leben,
du erfüllst mich mit Freude vor deinem Angesicht.

APOSTELGESCHICHTE

Herr, der du bist der Gott, der Himmel und Erde und das Meer und alles, was darinnen ist, gemacht hat;
der du durch den Mund Davids, deines Knechtes, gesagt hast: „Warum empören sich die Heiden, und die Völker nehmen vor, was umsonst ist?
Die Könige der Erde treten zusammen, und die Fürsten versammeln sich zuhauf wider den Herrn und wider seinen Christus":
wahrlich ja, sie haben sich versammelt über deinen heiligen Knecht Jesus, welchen du gesalbt hast, Herodes und Pontius Pilatus mit den Heiden und dem Volk Israel,
zu tun, was deine Hand und dein Rat zuvor bedacht hat, daß es geschehen sollte.
Und nun, Herr, siehe an ihr Drohen und gib deinen Knechten, mit aller Freudigkeit zu reden dein Wort, und strecke deine Hand aus, daß Gesundheit und Zeichen und Wunder geschehen durch den Namen deines heiligen Knechtes Jesus.

APOSTELGESCHICHTE

Um die Mitternacht aber beteten Paulus und Silas und lobten Gott. Und es hörten sie die Gefangenen.

KAPITEL 4, VERSE 24–30

Herr, du hast den Himmel, die Erde und das
Meer geschaffen und alles, was dazugehört; du
hast durch den Mund unseres Vaters David, deines
Knechtes, durch den Heiligen Geist gesagt:
Warum toben die Völker,
warum machen die Nationen vergebliche Pläne?
Die Könige der Erde stehen auf,
und die Herrscher haben sich verbündet
gegen den Herrn und seinen Gesalbten.
Wahrhaftig, verbündet haben sich in dieser Stadt
gegen deinen heiligen Knecht Jesus, den du gesalbt
hast, Herodes und Pontius Pilatus mit den Heiden
und den Stämmen Israels, um alles auszuführen,
was deine Hand und dein Wille im voraus bestimmt
haben. Doch jetzt, Herr, sieh auf ihre Drohungen
und gib deinen Knechten die Kraft, mit allem
Freimut dein Wort zu verkünden.
Streck deine Hand aus, damit Heilungen und
Zeichen und Wunder geschehen durch den Namen
deines heiligen Knechtes Jesus.

KAPITEL 16, VERS 25

Um Mitternacht beteten Paulus und Silas und
sangen Loblieder; und die Gefangenen hörten
ihnen zu.

Was wollen wir nun hiezu sagen? Ist Gott für uns, wer mag wider uns sein?
welcher auch seines eigenen Sohnes nicht hat verschont, sondern hat ihn für uns alle dahingegeben; wie sollte er uns mit ihm nicht alles schenken?
Wer will die Auserwählten Gottes beschuldigen? Gott ist hier, der da gerecht macht.
Wer will verdammen? Christus ist hier, der gestorben ist, ja vielmehr, der auch auferwecket ist, welcher ist zur Rechten Gottes und vertritt uns.
Wer will uns scheiden von der Liebe Gottes? Trübsal oder Angst oder Verfolgung oder Hunger oder Blöße oder Fährlichkeit oder Schwert?
wie geschrieben steht: „Um deinetwillen werden wir getötet den ganzen Tag, wir sind geachtet wie Schlachtschafe."
Aber in dem allem überwinden wir weit um deswillen, der uns geliebt hat.
Denn ich bin gewiß, daß weder Tod noch Leben, weder Engel noch Fürstentümer noch Gewalten, weder Gegenwärtiges noch Zukünftiges
weder Hohes noch Tiefes noch keine andere Kreatur mag uns scheiden von der Liebe Gottes, die in Christo Jesu ist, unserm Herrn.

Was ergibt sich nun, wenn wir das alles bedenken? Ist Gott für uns, wer ist dann gegen uns? Er hat seinen eigenen Sohn nicht verschont, sondern ihn für uns alle hingegeben – wie sollte er uns mit ihm nicht alles schenken? Wer kann die Auserwählten Gottes anklagen? Gott ist es, der gerecht macht. Wer kann sie verurteilen? Christus Jesus, der gestorben ist, mehr noch: der auferweckt worden ist, sitzt zur Rechten Gottes und tritt für uns ein. Was kann uns scheiden von der Liebe Christi? Bedrängnis oder Not oder Verfolgung, Hunger oder Kälte, Gefahr oder Schwert? In der Schrift steht: Um deinetwillen sind wir den ganzen Tag dem Tod ausgesetzt; wir werden behandelt wie Schafe, die man zum Schlachten bestimmt hat. Doch all das überwinden wir durch den, der uns geliebt hat. Denn ich bin gewiß: Weder Tod noch Leben, weder Engel noch Mächte, weder Gegenwärtiges noch Zukünftiges, weder Gewalten der Höhe oder Tiefe noch irgendeine andere Kreatur können uns scheiden von der Liebe Gottes, die in Christus Jesus ist, unserem Herrn.

RÖMERBRIEF

O welch eine Tiefe des Reichtums, beides, der Weisheit und Erkenntnis Gottes! Wie gar unbegreiflich sind seine Gerichte und unerforschlich seine Wege!
Denn wer hat des Herrn Sinn erkannt, oder wer ist sein Ratgeber gewesen?
Oder wer hat ihm etwas zuvor gegeben, daß ihm werde wiedervergolten?
Denn von ihm und durch ihn und zu ihm sind alle Dinge. Ihm sei Ehre in Ewigkeit! Amen.

KAPITEL 11, VERSE 33–36

O Tiefe des Reichtums, der Weisheit und der Erkenntnis Gottes! Wie unergründlich sind seine Entscheidungen, wie unerforschlich seine Wege! Denn wer hat die Gedanken des Herrn erkannt? Oder wer ist sein Ratgeber gewesen? Wer hat ihm etwas gegeben, so daß Gott ihm etwas zurückgeben müßte? Denn aus ihm und durch ihn und auf ihn hin ist die ganze Schöpfung. Ihm sei Ehre in Ewigkeit! Amen.

Ich sage aber, daß Jesus Christus sei ein Diener gewesen der Juden um der Wahrhaftigkeit willen Gottes, zu bestätigen die Verheißungen, den Vätern geschehen;
daß die Heiden aber Gott loben um der Barmherzigkeit willen, wie geschrieben steht: „Darum will ich dich loben unter den Heiden und deinem Namen singen."
Und abermals spricht er: „Freuet euch, ihr Heiden, mit seinem Volk!"
Und abermals: „Lobet den Herrn, alle Heiden, und preiset ihn, alle Völker!"
Und abermals spricht Jesaja: „Es wird sein die Wurzel Jesse's, und der auferstehen wird, zu herrschen über die Heiden; auf den werden die Heiden hoffen."
Der Gott aber der Hoffnung erfülle euch mit aller Freude und Frieden im Glauben, daß ihr völlige Hoffnung habet durch die Kraft des Heiligen Geistes.

Denn, das sage ich, Christus ist um der Wahrhaftigkeit Gottes willen Diener der Beschnittenen geworden, damit die Verheißungen an die Väter bestätigt werden. Die Heiden aber rühmen Gott um seines Erbarmens willen; es steht ja in der Schrift: Darum will ich dich bekennen unter den Heiden und deinem Namen lobsingen.
An anderer Stelle heißt es:
Ihr Heiden, freut euch mit seinem Volk!
Und es heißt auch:
Lobt den Herrn, alle Heiden,
preisen sollen ihn alle Völker.
Und Jesaja sagt:
Kommen wird der Sproß aus der Wurzel Isais;
er wird sich erheben,
um über die Heiden zu herrschen.
Auf ihn werden die Heiden hoffen.
Der Gott der Hoffnung aber erfülle euch mit aller Freude und mit allem Frieden im Glauben, damit ihr reich werdet an Hoffnung in der Kraft des Heiligen Geistes.

Dem aber, der euch stärken kann laut meines Evangeliums und der Predigt von Jesu Christo, durch welche das Geheimnis offenbart ist, das von der Welt her verschwiegen gewesen ist,
nun aber offenbart, auch kundgemacht durch der Propheten Schriften nach Befehl des ewigen Gottes, den Gehorsam des Glaubens aufzurichten unter allen Heiden:
demselben Gott, der allein weise ist, sei Ehre durch Jesum Christum in Ewigkeit! Amen.

KAPITEL 16, VERSE 25–27

Ehre sei dem, der die Macht hat, euch Kraft zu geben –
gemäß meinem Evangelium und der Botschaft von Jesus Christus,
gemäß der Offenbarung jenes Geheimnisses,
das seit ewigen Zeiten unausgesprochen war,
jetzt aber nach dem Willen des ewigen Gottes offenbart
und durch prophetische Schriften kundgemacht wurde,
um alle Heiden zum Gehorsam des Glaubens zu führen.
Ihm, dem einen, weisen Gott,
sei Ehre durch Jesus Christus in alle Ewigkeit!
Amen.

Ich danke meinem Gott allezeit eurethalben für die
Gnade Gottes, die euch gegeben ist in Christo
Jesu,
daß ihr seid durch ihn an allen Stücken reich
gemacht, an aller Lehre und in aller Erkenntnis;
wie denn die Predigt von Christo in euch kräftig
geworden ist,
also daß ihr keinen Mangel habt an irgend einer
Gabe und wartet nur auf die Offenbarung unsers
Herrn Jesu Christi,
welcher auch wird euch fest erhalten bis ans Ende,
daß ihr unsträflich seid auf den Tag unsers Herrn
Jesu Christi.
Denn Gott ist treu, durch welchen ihr berufen seid
zur Gemeinschaft seines Sohnes Jesu Christi,
unsers Herrn.

KAPITEL 1, VERSE 4–9

Ich danke Gott jederzeit euretwegen für die Gnade Gottes, die euch in Christus Jesus geschenkt wurde, daß ihr an allem reich geworden seid in ihm, an aller Rede und aller Erkenntnis. Denn das Zeugnis über Christus wurde bei euch gefestigt, so daß euch keine Gnadengabe fehlt, während ihr auf die Offenbarung Jesu Christi, unseres Herrn, wartet. Er wird euch auch festigen bis ans Ende, so daß ihr schuldlos dasteht am Tag Jesu, unseres Herrn. Treu ist Gott, durch den ihr berufen worden seid zur Gemeinschaft mit seinem Sohn Jesus Christus, unserem Herrn.

ERSTER KORINTHERBRIEF

Wenn ich mit Menschen- und mit Engelzungen redete, und hätte der Liebe nicht, so wäre ich ein tönend Erz oder eine klingende Schelle.
Und wenn ich weissagen könnte und wüßte alle Geheimnisse und alle Erkenntnis und hätte allen Glauben, also daß ich Berge versetzte, und hätte der Liebe nicht, so wäre ich nichts.
Und wenn ich alle meine Habe den Armen gäbe und ließe meinen Leib brennen, und hätte der Liebe nicht, so wäre mir's nichts nütze.
Die Liebe ist langmütig und freundlich, die Liebe eifert nicht, die Liebe treibt nicht Mutwillen, sie blähet sich nicht,
sie stellet sich nicht ungebärdig, sie suchet nicht das Ihre, sie läßt sich nicht erbittern, sie rechnet das Böse nicht zu,
sie freuet sich nicht der Ungerechtigkeit, sie freuet sich aber der Wahrheit;
sie verträgt alles, sie glaubet alles, sie hoffet alles, sie duldet alles.
Die Liebe höret nimmer auf, so doch die Weissagungen aufhören werden und die Sprachen aufhören werden und die Erkenntnis aufhören wird.
Denn unser Wissen ist Stückwerk und unser Weissagen ist Stückwerk.
Wenn aber kommen wird das Vollkommene, so wird das Stückwerk aufhören.
Da ich ein Kind war, da redete ich wie ein Kind und war klug wie ein Kind und hatte kindische Anschläge;

KAPITEL 13

Wenn ich in den Sprachen der Menschen und
Engel redete,
hätte aber die Liebe nicht,
wäre ich dröhnendes Erz oder eine lärmende
Pauke.
Und wenn ich prophetisch reden könnte
und alle Geheimnisse wüßte
und alle Erkenntnis hätte;
wenn ich alle Glaubenskraft besäße
und Berge damit versetzen könnte,
hätte aber die Liebe nicht,
wäre ich nichts.
Und wenn ich meine ganze Habe verschenkte,
und wenn ich meinen Leib dem Feuer übergäbe,
hätte aber die Liebe nicht, nützte es mir nichts.
Die Liebe ist langmütig,
die Liebe ist gütig.
Sie ereifert sich nicht,
sie prahlt nicht,
sie bläht sich nicht auf.
Sie handelt nicht ungehörig,
sucht nicht ihren Vorteil,
läßt sich nicht zum Zorn reizen,
trägt das Böse nicht nach.
Sie freut sich nicht über das Unrecht,
sondern freut sich an der Wahrheit.
Sie erträgt alles,
glaubt alles,
hofft alles,
hält allem stand.

da ich aber ein Mann ward, tat ich ab,
was kindisch war.
Wir sehen jetzt durch einen Spiegel in einem
dunkeln Wort; dann aber von Angesicht zu Angesicht. Jetzt erkenne ich's stückweise; dann aber
werde ich erkennen, gleichwie ich erkannt bin.
Nun aber bleibt Glaube, Hoffnung, Liebe, diese
drei; aber die Liebe ist die größte unter ihnen.

Die Liebe hört niemals auf.
Prophetisches Reden hat ein Ende,
Zungenrede verstummt,
Erkenntnis vergeht.
Denn Stückwerk ist unser Erkennen,
Stückwerk unser prophetisches Reden;
wenn aber das Vollendete kommt,
vergeht alles Stückwerk.
Als ich ein Kind war,
redete ich wie ein Kind,
dachte wie ein Kind
und urteilte wie ein Kind.
Als ich ein Mann wurde,
legte ich ab, was Kind an mir war.
Jetzt schauen wir in einen Spiegel
und sehen nur rätselhafte Umrisse,
dann aber schauen wir von Angesicht zu Angesicht.
Jetzt erkenne ich unvollkommen,
dann aber werde ich durch und durch erkennen,
so wie ich auch durch und durch erkannt worden bin.
Für jetzt bleiben Glaube, Hoffnung, Liebe, diese drei;
doch am größten unter ihnen ist die Liebe.

ERSTER KORINTHERBRIEF

Wenn aber dies Verwesliche wird anziehen die Unverweslichkeit, und dies Sterbliche wird anziehen die Unsterblichkeit, dann wird erfüllt werden das Wort, das geschrieben steht:
„Der Tod ist verschlungen in den Sieg. Tod, wo ist dein Stachel? Hölle, wo ist dein Sieg?"
Aber der Stachel des Todes ist die Sünde; die Kraft aber der Sünde ist das Gesetz.
Gott aber sei Dank, der uns den Sieg gegeben hat durch unsern Herrn Jesus Christus!

ZWEITER KORINTHERBRIEF

Gelobet sei Gott und der Vater unsers Herrn Jesu Christi, der Vater der Barmherzigkeit und Gott alles Trostes,
der uns tröstet in aller unsrer Trübsal, daß wir auch trösten können, die da sind in allerlei Trübsal, mit dem Trost, damit wir getröstet werden von Gott.

KAPITEL 15, VERSE 54–56

Wenn sich aber dieses Vergängliche mit Unvergänglichkeit bekleidet und dieses Sterbliche mit Unsterblichkeit, dann erfüllt sich das Wort der Schrift:
„Verschlungen ist der Tod vom Sieg.
Tod, wo ist dein Sieg?
Tod, wo ist dein Stachel?"
Der Stachel des Todes aber ist die Sünde, die Kraft der Sünde ist das Gesetz. Gott aber sei Dank, der uns den Sieg geschenkt hat durch Jesus Christus, unseren Herrn.

KAPITEL 1, VERSE 3–4

Gepriesen sei der Gott und Vater Jesu Christi, unseres Herrn, der Vater des Erbarmens und der Gott allen Trostes. Er tröstet uns in all unserer Not, damit auch wir die Kraft haben, alle zu trösten, die in Not sind, durch den Trost, mit dem auch wir von Gott getröstet werden.

ZWEITER KORINTHERBRIEF

Aber Gott sei gedankt, der uns allezeit Sieg gibt in Christo und offenbart den Geruch seiner Erkenntnis durch uns an allen Orten!

ZWEITER KORINTHERBRIEF

Gott aber sei Dank für seine unaussprechliche Gabe!

KAPITEL 2, VERS 14

Dank sei Gott, der uns stets im Siegeszug Christi mitführt und durch uns den Duft der Erkenntnis Christi an allen Orten verbreitet.

KAPITEL 9, VERS 15

Dank sei Gott für sein unfaßbares Geschenk.

PHILIPPERBRIEF

Ein jeglicher sei gesinnt, wie Jesus Christus auch war:
welcher, ob er wohl in göttlicher Gestalt war, hielt er's nicht für einen Raub, Gott gleich sein,
sondern entäußerte sich selbst und nahm Knechtsgestalt an, ward gleich wie ein anderer Mensch und an Gebärden als ein Mensch erfunden;
er erniedrigte sich selbst und ward gehorsam bis zum Tode, ja zum Tode am Kreuz.
Darum hat ihn auch Gott erhöht und hat ihm einen Namen gegeben, der über alle Namen ist,
daß in dem Namen Jesu sich beugen sollen aller derer Kniee, die im Himmel und auf Erden und unter der Erde sind,
und alle Zungen bekennen sollen, daß Jesus Christus der Herr sei, zur Ehre Gottes, des Vaters.

Seid untereinander so gesinnt, wie es dem Leben in Christus Jesus entspricht:
Er war Gott gleich,
hielt aber nicht daran fest, wie Gott zu sein,
sondern er entäußerte sich
und wurde wie ein Sklave
und den Menschen gleich.
Sein Leben war das eines Menschen;
er erniedrigte sich
und war gehorsam bis zum Tod,
bis zum Tod am Kreuz.
Darum hat ihn Gott über alle erhöht
und ihm den Namen verliehen,
der größer ist als alle Namen,
damit alle im Himmel, auf der Erde und unter der Erde ihre Knie beugen vor dem Namen Jesu
und jeder Mund bekennt:
„Jesus Christus ist der Herr" –
zur Ehre Gottes, des Vaters.

ERSTER THESSALONICHERBRIEF

Darum danken auch wir ohne Unterlaß Gott, daß ihr, da ihr empfinget von uns das Wort göttlicher Predigt, es aufnahmt nicht als Menschenwort, sondern, wie es denn wahrhaftig ist, als Gottes Wort, welcher auch wirkt in euch, die ihr glaubet.

ZWEITER THESSALONICHERBRIEF

Wir sollen Gott danken allezeit um euch, liebe Brüder, wie es billig ist; denn euer Glaube wächst sehr, und die Liebe eines jeglichen unter euch allen nimmt zu gegeneinander,
also daß wir uns euer rühmen unter den Gemeinden Gottes über eure Geduld und euren Glauben in allen euren Verfolgungen und Trübsalen, die ihr duldet.

KAPITEL 2, VERS 13

Darum danken wir Gott unablässig dafür, daß ihr das Wort Gottes, das ihr durch unsere Verkündigung empfangen habt, nicht als Menschenwort, sondern – was es in Wahrheit ist – als Gottes Wort angenommen habt; und jetzt ist es in euch, den Gläubigen, wirksam.

KAPITEL 1, VERSE 3–4

Wir müssen Gott euretwegen immer danken, Brüder, wie es recht ist, denn euer Glaube wächst, und die gegenseitige Liebe nimmt bei euch allen zu. Wir können in den Gemeinden Gottes mit Stolz auf euch hinweisen, weil ihr im Glauben standhaft bleibt bei aller Verfolgung und Bedrängnis, die ihr zu ertragen habt.

ZWEITER THESSALONICHERBRIEF

Wir aber sollen Gott danken allezeit um euch, vom Herrn geliebte Brüder, daß euch Gott erwählt hat von Anfang zur Seligkeit, in der Heiligung des Geistes und im Glauben der Wahrheit, darein er euch berufen hat durch unser Evangelium zum herrlichen Eigentum unsers Herrn Jesu Christi.

ERSTER TIMOTHEUSBRIEF

Ich danke unserm Herrn Christus Jesus, der mich stark gemacht und treu geachtet hat und gesetzt in das Amt,
der ich zuvor war ein Lästerer und ein Verfolger und ein Schmäher, aber mir ist Barmherzigkeit widerfahren.

KAPITEL 2, VERSE 13–14

Wir müssen Gott zu jeder Zeit euretwegen danken, vom Herrn geliebte Brüder, weil Gott euch als Erstlingsgabe dazu auserwählt hat, aufgrund der Heiligung durch den Geist und aufgrund eures Glaubens an die Wahrheit gerettet zu werden. Dazu hat er euch durch unser Evangelium berufen; ihr sollt nämlich die Herrlichkeit Jesu Christi, unseres Herrn, erlangen.

KAPITEL 1, VERSE 12–13

Ich danke dem, der mir Kraft gegeben hat: Christus Jesus, unserem Herrn. Er hat mich für treu gehalten und in seinen Dienst genommen, obwohl ich ihn früher lästerte, verfolgte und verhöhnte. Aber ich habe Erbarmen gefunden.

ERSTER TIMOTHEUSBRIEF

Aber Gott, dem ewigen König, dem Unvergänglichen und Unsichtbaren und allein Weisen, sei Ehre und Preis in Ewigkeit! Amen.

ERSTER TIMOTHEUSBRIEF

Der Selige und allein Gewaltige, der König aller Könige und Herr aller Herren,
der allein Unsterblichkeit hat, der da wohnt in einem Licht, da niemand zukommen kann, welchen kein Mensch gesehen hat noch sehen kann; dem sei Ehre und ewiges Reich! Amen.

KAPITEL 1, VERS 17

Dem König der Ewigkeit, dem unvergänglichen,
unsichtbaren, einzigen Gott, sei Ehre und
Herrlichkeit in alle Ewigkeit. Amen.

KAPITEL 6, VERSE 15–16

Der selige und einzige Herrscher,
der König der Könige und Herr der Herren,
der allein die Unsterblichkeit besitzt,
der in unzugänglichem Licht wohnt,
den kein Mensch gesehen hat
noch je zu sehen vermag:
Ihm gebührt Ehre und ewige Macht. Amen.

ZWEITER TIMOTHEUSBRIEF

Der Herr aber wird mich erlösen von allem Übel und mir aushelfen zu seinem himmlischen Reich; welchem sei Ehre von Ewigkeit zu Ewigkeit! Amen.

ERSTER PETRUSBRIEF

So jemand redet, daß er's rede als Gottes Wort; so jemand ein Amt hat, daß er's tue als aus dem Vermögen, das Gott darreicht, auf daß in allen Dingen Gott gepriesen werde durch Jesum Christum, welchem sei Ehre und Gewalt von Ewigkeit zu Ewigkeit! Amen.

KAPITEL 4, VERS 18

Der Herr wird mich allem Bösen entreißen, er wird mich retten und in sein himmlisches Reich führen. Ihm sei die Ehre in alle Ewigkeit. Amen.

KAPITEL 4, VERS 11

Wer redet, der rede mit den Worten, die Gott ihm gibt; wer dient, der diene aus der Kraft, die Gott verleiht. So wird in allem Gott verherrlicht durch Jesus Christus. Sein ist die Herrlichkeit und die Macht in alle Ewigkeit. Amen.

Dem aber, der euch kann behüten ohne Fehl und stellen vor das Angesicht seiner Herrlichkeit unsträflich mit Freuden,
dem Gott, der allein weise ist, unserm Heiland, sei Ehre und Majestät und Gewalt und Macht nun und zu aller Ewigkeit! Amen.

Dem einen Gott aber, der die Macht hat, euch vor jedem Fehltritt zu bewahren und euch untadelig und voll Freude vor seine Herrlichkeit treten zu lassen, ihm, der uns durch Jesus Christus, unseren Herrn, rettet, gebührt die Herrlichkeit, Hoheit, Macht und Gewalt vor aller Zeit und jetzt und für alle Zeiten. Amen.

OFFENBARUNG

Heilig, heilig, heilig ist Gott der Herr, der Allmächtige, der da war und der da ist und der da kommt!
Herr, du bist würdig, zu nehmen Preis und Ehre und Kraft; denn du hast alle Dinge geschaffen, und durch deinen Willen haben sie das Wesen und sind geschaffen.

KAPITEL 4, VERSE 8 UND 11

Heilig, heilig, heilig
ist der Herr, der Gott, der Herrscher über die
ganze Schöpfung;
er war, und er ist, und er kommt.
Würdig bist du, unser Herr und Gott,
Herrlichkeit zu empfangen, und Ehre und Macht.
Denn du bist es, der die Welt erschaffen hat,
durch deinen Willen war sie und wurde sie
erschaffen.

OFFENBARUNG

Du bist würdig, zu nehmen das Buch und aufzutun seine Siegel; denn du bist erwürget und
hast uns Gott erkauft mit deinem Blut aus allerlei
Geschlecht und Zunge und Volk und Heiden
und hast uns unserm Gott zu Königen und Priestern
gemacht, und wir werden Könige sein auf Erden.

OFFENBARUNG

Dem, der auf dem Stuhl sitzt, und dem Lamm sei
Lob und Ehre und Preis und Gewalt von
Ewigkeit zu Ewigkeit!

KAPITEL 5, VERSE 9–10

Würdig bist du,
das Buch zu nehmen und seine Siegel zu öffnen;
denn du wurdest geschlachtet
und hast mit deinem Blut
Menschen für Gott erworben
aus allen Stämmen und Sprachen,
aus allen Nationen und Völkern,
und du hast sie für unsern Gott
zu Königen und Priestern gemacht;
und sie werden auf der Erde herrschen.

KAPITEL 5, VERS 13

Ihm, der auf dem Thron sitzt, und dem Lamm gebühren Lob und Ehre und Herrlichkeit und Kraft in alle Ewigkeit.

OFFENBARUNG

Amen, Lob und Ehre und Weisheit und Dank und Preis und Kraft und Stärke sei unserm Gott von Ewigkeit zu Ewigkeit! Amen.

OFFENBARUNG

Es sind die Reiche der Welt unsers Herrn und seines Christus geworden, und er wird regieren von Ewigkeit zu Ewigkeit.

KAPITEL 7, VERS 12

Amen, Lob und Herrlichkeit,
Weisheit und Dank,
Ehre und Macht und Stärke
unserem Gott in alle Ewigkeit. Amen.

KAPITEL 11, VERS 15

Nun gehört die Herrschaft über die Welt
unserem Herrn und seinem Gesalbten;
und sie werden herrschen in alle Ewigkeit.

OFFENBARUNG

Wir danken dir, Herr, allmächtiger Gott, der du bist und warest, daß du hast angenommen deine große Kraft und herrschest;
und die Heiden sind zornig geworden, und es ist gekommen dein Zorn und die Zeit der Toten, zu richten und zu geben den Lohn deinen Knechten, den Propheten, und den Heiligen und denen, die deinen Namen fürchten, den Kleinen und Großen, und zu verderben, die die Erde verderbt haben.

OFFENBARUNG

Groß und wundersam sind deine Werke, Herr, allmächtiger Gott! Gerecht und wahrhaftig sind deine Wege, du König der Heiden!
Wer sollte dich nicht fürchten, Herr, und deinen Namen preisen? Denn du bist allein heilig. Denn alle Heiden werden kommen und anbeten vor dir; denn deine Urteile sind offenbar geworden.

KAPITEL 11, VERSE 17–18

Wir danken dir, Herr,
   Gott und Herrscher über die ganze Schöpfung,
der du bist und der du warst;
denn du hast deine große Macht in Anspruch genommen
und die Herrschaft angetreten.
Die Völker gerieten in Zorn.
Da kam dein Zorn und die Zeit, die Toten zu richten:
die Zeit, deine Knechte zu belohnen,
die Propheten und die Heiligen
und alle, die deinen Namen fürchten,
die Kleinen und die Großen,
die Zeit, alle zu verderben, die die Erde verderben.

KAPITEL 15, VERSE 3–4

Groß und wunderbar sind deine Taten,
   Herr, Gott und Herrscher über die ganze
Schöpfung.
Gerecht und zuverlässig sind deine Wege,
du König der Völker.
Wer wird dich nicht fürchten, Herr,
wer wird deinen Namen nicht preisen?
Denn du allein bist heilig:
Alle Völker kommen und beten dich an;
denn deine gerechten Taten sind offenbar geworden.

OFFENBARUNG

Halleluja! Heil und Preis, Ehre und Kraft sei Gott, unserm Herrn!
Denn wahrhaftig und gerecht sind seine Gerichte, daß er die große Hure verurteilt hat, welche die Erde mit ihrer Hurerei verderbte, und hat das Blut seiner Knechte von ihrer Hand gefordert...
Halleluja! und der Rauch geht auf ewiglich...
Amen, halleluja!
...Lobet unsern Gott, alle seine Knechte und die ihn fürchten, beide, klein und groß!
...Halleluja! denn der allmächtige Gott hat das Reich eingenommen.
Lasset uns freuen und fröhlich sein und ihm die Ehre geben!

KAPITEL 19, AUS DEN VERSEN 1–7

Halleluja!
Das Heil und die Herrlichkeit und die Macht
ist bei unserm Gott.
Seine Urteile sind wahr und gerecht.
Er hat die große Hure gerichtet,
die mit ihrer Unzucht die Erde verdorben hat.
Er hat Rache genommen für das Blut seiner Knechte,
das an ihren Händen klebte...
Halleluja!
Der Rauch der Stadt steigt auf in alle Ewigkeit...
Amen, halleluja!
Preist unsern Gott, all seine Knechte
und alle, die ihn fürchten, Kleine und Große!...
Halleluja!
Denn König geworden ist der Herr, unser Gott,
der Herrscher über die ganze Schöpfung.
Wir wollen uns freuen und jubeln
und ihm die Ehre erweisen.

REGISTER DER BIBELSTELLEN

Die Parallelstellen zu den angegebenen Texten sind kursiv gesetzt.
Die kleineren Ziffern verweisen auf Bibelstellen in den Einführungen.

Jesus Sirach
50,19–26

Matthäus
6,5–8
6,7
6,9
6,9–13
7,7–11
8,8
11,2–6
  Jesaja 26,19; 29,18; 35,51; 61,1
11,3
  Lukas 7,19
11,25–26
  Lukas 10,21
28,18

Markus
1,35
1,40
  Matthäus 8,2
  Lukas 5,12
4,38
  Matthäus 8,25
  Lukas 8,24
6,41
  Matthäus 14,19
  Lukas 9,16
10,47.51
  Matthäus 20,30.32
  Lukas 18,38.41
14,36
  Matthäus 26,39.42
  Lukas 22,42
15,34
  Matthäus 27,46
  Psalm 22,1

Lukas
1,38
1,46–55
1,68–79
2,14
2,19
2,29–32
6,28
7,6–7
  Matthäus 8,8
11,1
11,2–4

15,21
18,10–13
22,31–32
23,34
  Jesus Sirach 28,2
23,46
  Psalm 31,6

Johannes
1,12
6,11.35.48
6,11
6,69
10,30
11,41–42
12,27–28
16,23
17,1.24
17,1–26
17,21
19,28
  Psalm 22,15
19,30

Apostelgeschichte
1,24
2,11
2,24.26–28
  Psalm 16,8–11
2,42
2,46
4,24–30
7,59
9,10
9,11
9,16
16,25

22,8.10
  Apostelgeschichte 9,5.6;
  26,15

Römer
1,8–10
7,24–25
8,26
8,31–39
10,1
10,12–13 (9,3–4)
  Joel 3,5
11,33–36
12,14
15,5–6
15,8–13
  Psalm 18,50
  Deuteronomium 32,43
  Psalm 117,1
  Jesaja 11,1.10
15,13
15,30
15,30–33
16,20
16,25–27

1. Korinther
1,4–9
13,1–13
15,54–56
  Jesaja 25,8
  Hosea 13,14

2. Korinther
1,3–4
2,14
9,15

2. Johannes
3

3. Johannes
2
15

Hebräer
2,17–18
13,20–21

Jakobus
1,5–6

Judas
2
24–25

Offenbarung
1,4–7
4,8.11
5,9–10
5,13
7,12
11,15
11,17–18
15,3–4
19,1–7
22,20

12,7–9
12,7–9
13,7
13,13

Galater
1,3–5
1,8
3,10
6,15–16

Epheser
1,2
1,15–23
3,14–21
6,23–24

Philipper
1,2–6
1,9–11
2,5–11
4,6–7
4,19–20

Kolosser
1,2–4
1,9–12
4,2–4
4,18

1. Thessalonicher
1,1–5
2,13
3,10–13
5,23

2. Thessalonicher
1,3–4
1,11–12
2,13–14
2,16–17
3,1
3,1–2
3,5
3,16

1. Timotheus
1,12–13
1,17
2,1–4
6,15–16

2. Timotheus
1,2–3
1,16–18
4,18

Titus
1,4
3,15

Philemon
3–6

1. Petrus
4,11
5,10–11
5,14

2. Petrus
1,2
3,18